PROCÈS

DU

CENSEUR EUROPÉEN

A RENNES.

SE TROUVE A PARIS,

AU BUREAU DU CENSEUR, RUE GIT-LE-COEUR, N.° 10;

CHEZ $\left\{\begin{array}{l}\text{MM. DELAUNAY,}\\\text{DENTU,}\\\text{LATOUR,}\\\text{PELISSIER,}\end{array}\right\}$ Libraires, au Palais-Royal.

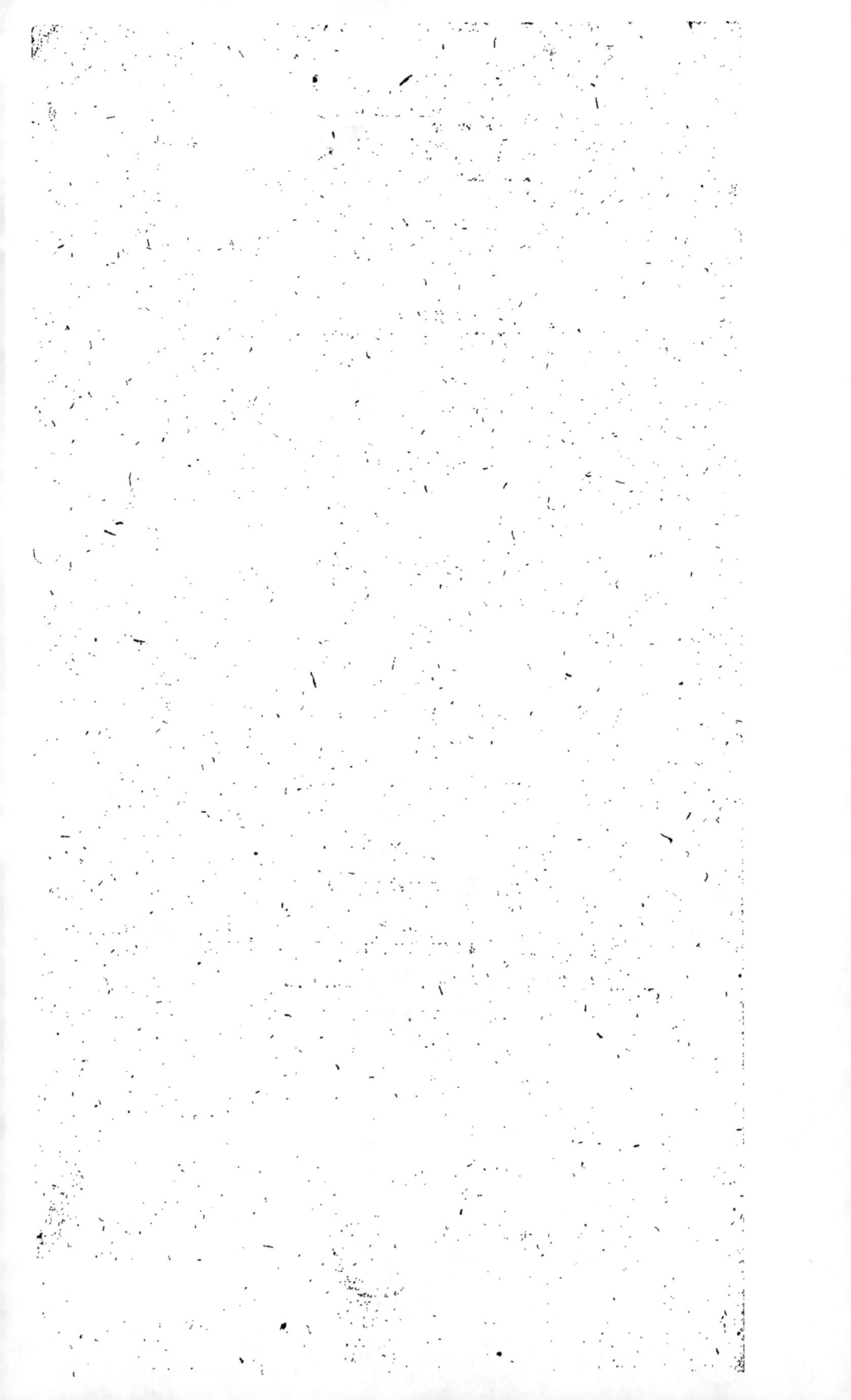

OBSERVATIONS

PRÉLIMINAIRES,

Présentées à la seconde chambre du Tribunal de première Instance de Rennes, à l'audience du 30 mai 1818,

PAR M. DUNOYER.

~~~~~~~~~~~~~~~

A RENNES,

DE L'IMPRIMERIE DE CHAUSSEBLANCHE, RUE DE BORDEAUX, DERRIÈRE LE PALAIS.

1818.

(1)

OBSERVATIONS

PRÉLIMINAIRES

*Présentées à la seconde chambre du Tri-
bunal de première Instance de Poennes,
à l'audience du 3o mai 1818,*

PAR M. DUNOYER.

~~~~~~~~~~~~~~~~

MESSIEURS ,

LA première chambre de ce Tribunal, en
rejettant la demande en liberté sous caution que
je lui avais présentée , s'est particulièrement fondée sur ce motif, que mon refus d'exécuter les
mandats qu'on avait décernés contre moi, annon-
çait un système de désobéissance à la justice.
Ce grave reproche m'avertit que ma conduite
dans cette affaire n'a point été comprise, et
qu'elle a besoin de vous être expliquée. Permettez,
avant que nous abordions la question de la com-

pétence, que j'entre à ce sujet dans quelques
détails. Cela importe non seulement à ma cause,
mais à celle de la liberté publique, dont la
défense, dans ce procès, m'occupe autant que
la mienne propre. Ce que j'ai fait en vue de son
intérêt, tournerait infailliblement à son préjudice,
si l'on parvenait à dénaturer à vos yeux les
motifs qui m'ont déterminé; si l'on vous faisait
attribuer à l'esprit d'insubordination ce qui m'a
été inspiré par l'amour de l'ordre, par le désir
de veiller dans ma personne à la conservation
d'une garantie sur laquelle repose la sûreté de
tous, celle qui assure aux citoyens que jamais
ils ne seront distraits de leurs juges naturels.
Je ne veux pas qu'on puisse me faire un crime
d'une détermination honorable dans son principe, et qui sera, je l'espère, salutaire dans ses
résultats. Je ne veux pas qu'on se puisse servir,
pour exciter votre animadversion contre moi,
d'une chose qui doit, j'ose le dire, me concilier votre estime, Messieurs, et celle de tous
les hommes honnêtes et sensés. Je ne veux pas
enfin, avoir été un sujet de scandale pour cette
noble jeunesse de Rennes, qui unit tant de
modération à tant de courage civil, tant de
respect pour les magistrats à tant d'ardeur
pour la défense des libertés nationales. Je désire
qu'elle sache, au contraire, que j'ai comme elle

l'esprit d'insubordination en horreur, que c'est dans l'intérêt de l'ordre, et pour le maintien des lois, que je me suis abstenu d'exécuter certains actes, que j'ai protesté contre leur exécution ; et que ce qu'on qualifie de désobéissance à la justice, m'a été précisément inspiré par mon profond respect pour la justice et l'exacte observation de ses formes.

Pour vous mettre, Messieurs, tout à fait à même d'apprécier la conduite que j'ai tenue, je crois devoir faire précéder le peu de mots que j'ai à vous dire à ce sujet, de l'exposé simple et fidèle des actes de la partie publique.

Un magistrat de cette province s'est plaint, dit-on, d'avoir été calomnié dans le sixième volume de l'ouvrage que publient à Paris Messieurs Comte et Dunoyer. Je n'examine point où devait légalement être portée cette plainte ; j'observe seulement que si elle eût été formée dans le seul dessein d'obtenir réparation de l'injure prétendue qui l'avait provoquée, elle eut été plutôt portée devant les tribunaux de Paris, dont la compétence était incontestable, que devant ceux de Rennes, dont la compétence devait paraître au moins douteuse. Remarquez en effet que le plaignant n'avait pas le moindre motif pour s'adresser de préférence aux Tribunaux de Rennes. Que pouvait-il désirer ? d'obtenir prompte-

ment et commodément justice ; ensuite, de
faire que la réparation, s'il lui en était dû,
devînt aussi publique que l'avait été l'offense.
Eh bien, cela lui était aussi facile en s'adres-
sant aux tribunaux de Paris, qu'en portant sa
plainte aux juges de Rennes.

Une plainte aux tribunaux de Paris ne l'obligeait
point à des déplacemens, comme plusieurs journaux du ministère ont voulu le faire entendre.
Pour quel motif, en effet, se fût-il déplacé ?
Il n'avait point de preuve à faire, pas de témoins
à faire entendre ; ce n'était pas à lui à se justifier, c'était à ses calomniateurs, et ceux-ci ne
le pouvaient qn'en rapportant la preuve légale,
ce qui écartait toute discussion, et rendait la
présence du plaignant évidemment inutile. Il lui
suffisait, en quelque sorte, d'adresser sa plainte à
Paris pour obtenir justice. Il pouvait compter que
le ministère public ne la suivrait pas avec moins
de zèle à Paris qu'il ne l'a fait à Rennes ; il pouvait d'ailleurs charger un avocat, et dix, s'il était
besoin, de l'y suivre et de l'y soutenir, sûr qu'il
était d'être couvert de ses frais par le jugement,
si sa dénonciation était jugée véritable.

Ensuite, s'il obtenait une condamnation, elle
pouvait acquérir autant de publicité en Bretagne, étant rendue par les tribunaux de Paris,
qu'étant prononcée par les juges de Rennes ; elle

pouvait du moins y devenir beaucoup plus publique que ne l'avait été l'écrit prétendu calomnieux ; tous les journaux de Paris pouvaient
la rapporter ; elle pouvait être insérée dans tous
les journaux de cette province ; enfin , le plaignant
pouvait demander l'impression et l'affiche du jugement, en tel lieu et en tel nombre d'exemplaires que
l'intérêt de sa réputation l'exigerait. Il n'y avait donc,
dans l'intérêt de la plainte , aucune espèce de raison
pour porter l'affaire devant les tribunaux de Rennes,
plutôt que devant les juges de Paris...... Et pourtant , c'est à Rennes que l'affaire a été portée ; à
Rennes , qui n'était ni le domicile du plaignant ,
ni celui des prévenus , ni le lieu certain du délit ;
à Rennes, où l'on savait que les prévenus n'avaient
ni composé , ni imprimé , ni publié , ni distribué ,
ni fait distribuer leur ouvrage ; à Rennes, où ils
ne pouvaient pas se défendre par procuration ,
comme le plaignant pouvait les faire poursuivre
à Paris ; à Rennes enfin , où on les forçait de se
rendre avant qu'il fût décidé si les tribunaux de
cette ville avaient caractère pour les juger ; avant
qu'ont pû savoir si le dénonciateur était fondé à
se plaindre , si celui qui se disait calomnié n'était
pas lui-même calomniateur , et si, par conséquent,
les inculpés ne seraient pas fondés à évoquer l'affaire à Paris précisément par la raison qu'on la portait à Rennes... Je ne cherche point, Messieurs ,
les motifs de cette première , de cette étrange dé-

termination. Votre conscience les appréciera. Je poursuis.

C'était incontestablement une chose un peu hasardée que d'appeler les prévenus à Rennes. Il semble qu'en prenant un tel parti, on aurait dû mettre quelque soin à voiler par des formes douces et légales ce qu'il offrait d'insolite et de violent. Il semble, par. exemple, qu'on aurait pu appeler d'abord les prévenus par une simple assignation. C'était dans le vœu de la loi : la prévention était légère ; les prévenus n'étaient pas des vagabonds, même *des vagabonds de la littérature* ; ils ont à Paris un établissement assez important ; ils appartiennent l'un et l'autre à des familles honnêtes ; ils fréquentent à Paris des maisons considérables et considérées ; une portion assez notable de leurs concitoyens les honore de quelque estime : on était à peu près sûr de toujours trouver ces hommes là ; on aurait donc pu se contenter de leur envoyer une simple citation. On le devait d'autant plus, qu'il était absolument sans exemple qu'on eût jamais arrêté personne d'avance dans des affaires de cette nature, et qu'en employant contre eux des rigueurs aussi inusitées, il était presque impossible d'échapper au reproche de partialité... On ne l'a pas fait. Quel motif a-t-on eu ? Je l'ignore. On a considéré peut-être qu'il était trop peu

naturel de les appeler à Rennes , pour qu'ils pus-
sent consentir à s'y rendre volontairement, et
que par conséquent la première violence en rendait nécessaire une seconde. Quoiqu'il en soit, la
procédure a commencé par des mandats d'amener.

Les magistrats de Paris, auxquels ont été adressés
ces mandats, n'ont pas laissé que de paraître un
peu embarrassés pour l'exécution. Ils sentaient
sans doute que ces façons d'agir n'étaient pas
ordinaires ; qu'on pourrait trouver un peu rigoureux de voir arrêter deux hommes sur une simple
prévention de calomnie ; qu'il pourrait paraître
encore plus étrange de les voir traduire devant
les tribunaux de Rennes, pour un écrit publié à
Paris ; surtout, quand allant d'eux-mêmes au-
devant de la plainte , ils offraient de se présenter
à toute réquisition devant les tribunaux de la
capitale. On savait les objections qu'il y avait à
faire contre le projet de les faire conduire à Rennes :
les prévenus les avaient présentées, et l'on n'avait
trop su qu'y répondre. Quel parti prendre ? On
ne voulait pas faire trop crier ; mais on ne
voulait pas non plus laisser l'œuvre impar-
faite ; il fallait qu'elle fut consommée sans scandale ; il fallait que les prévenus fussent arrêtés
et conduits à Rennes , sans que cela parût le
moins du monde étonnant. La chose était difficile ;
des hommes vulgaires auraient eu de la peine à

se tirer de là ; on s'en est tiré d'une manière admirable. Voici comme on a procédé. On s'est contenté d'abord de déposer le mandat à la porte des prévenus; puis on a envoyé des huissiers qui ne devaient faire que le semblant de vouloir l'exécuter, qui n'ont pas voulu trouver les prévenus chez eux quoiqu'ils y fussent, quoique l'un d'eux au moins se trouvât chez lui quand ils s'y sont présentés, et qu'il les ait lui-même reçus (1).

_____

(1) C'est moi-même qui ai reçu les huissiers chargés de l'exécution du mandat d'amener. Ils s'étaient présentés plusieurs fois à ma porte. On leur avait toujours dit que j'étais chez moi. Cela était désespérant pour des gens qui voulaient constater que j'étais en fuite. Enfin, me trouvant toujours, il a bien fallu qu'ils prissent le parti de monter. Je leur ai moi-même ouvert ma porte : « Vous n'êtes certainement pas M. Dunoyer, m'ont-ils dit, » en se présentant. — Que lui voulez-vous ? — Nous sommes » chargés de l'arrêter. — Non, je ne suis pas, pour le mo- » ment, M. Dunoyer (notez qu'ils devaient me connaître ; » ils m'avaient conduit à la Force, ou vu dix fois au palais » dans le cours de notre dernier procès) — Et où est » M. Dunoyer ? — Voilà qu'il part à l'instant même pour la » campagne ; mais il ne sera pas long-temps absent. »

'Après cela , on a tenu pour constant qu'ils étaient
en fuite , et en conséquence , on a mis les
mandats lancés contre eux entre les mains de la
police, qui les a fait arrèter de la manière que tout
le monde sait. Exécutée ainsi , leur arrestation
n'a plus eu rien que de simple , et l'on a pu faire
mettre dans les journaux que les prévenus s'étaient
attiré ces rigueurs en se soustrayant aux poursuites de la justice. L'acte peut paraître sévère ,
disait un des principaux chefs de la police générale ; mais du moins nous avons la satisfaction
de pouvoir dire qu'on y a mis des formes, et que
dans tout ceci il ne s'est rien passé que de régulier.

Bientôt, il s'est agi de me transférer à Rennes.
Il était au moins douteux qu'on eût le droit de
me faire faire ce voyage : il m'a été proposé
d'en faire les frais. J'ai été menacé , si je n'offrais
de solder ma place et celle de mon escorte dans
une voiture publique , d'être conduit de brigade
en brigade devant vous ; et si je n'avais pas eu le
courage de résister aux sollicitations de mes amis ,

Après ce petit colloque , ces messieurs se sont assurés en
ma présence que je n'étais pas chez moi ; et il paraît que
là dessus il a été constaté que j'étais en fuite.

de me mettre, en quelque sorte, à la discrétion
du ministère, de dire que j'étais prêt à aller à
pied, j'eusse été forcé de payer pour être conduit,
escorté de gendarmes, à cent lieues de mon
domicile, devant des juges que tout prouvait
n'être pas les miens.

" Il y avait eu certainement quelque rigueur à
m'arrêter sur une plainte en calomnie, et à m'arrêter pour me conduire à Rennes. J'étais fondé à
croire qu'en arrivant dans cette ville, je pourrais
obtenir ma liberté sous caution. J'en avais fait
la demande avant de partir ; on n'avait aucun
motif, même spécieux, pour me la refu
ser.... Je dis qu'on n'en avait aucun, on en
trouvé quatre : on a considéré que j'étais *repri
de justice;* que j'étais en état d'insurrection contr
la justice ; que ma présence dans la ville *ne serai
pas sans inconvénient*, c'est-à-dire évidemment
que j'étais suspect ; enfin, que les juges avaien
le pouvoir d'accorder ou de refuser la libert
sous caution, selon qu'ils le jugeaient convenable
ce qui, pour l'observer en passant, aurait pu dis
penser de toute autre considération.

Poursuivi par le procureur du Roi de Rennes
j'aurais dû n'être conduit ici qu'à la requête d
ce magistrat. Cela, je pense, était dans] l'ordre

M. le procureur du Roi de Paris ne devait à cet
égard rien faire d'office ; il devait attendre d'être
requis par le ministère public près ce tribunal.
Il n'en a pas été ainsi, Messieurs : le même jour,
à peu près, où M. le procureur du Roi de Rennes
faisait ajourner ici indéfiniment mon affaire, M. le
procureur du Roi de Paris, m'a fait donner une
assignation pour votre audience du 28. Il m'a
donc fait assigner sans en avoir été requis ; et
cela paraît si vrai, que le jour de mon arrivée en
cette ville, le chef du ministère public près
votre tribunal ignorait complètement, à ce qu'il
m'a paru, que j'eusse été assigné pour le 28.
Ainsi, M. le procureur du Roi de Paris m'a
assigné à la requête de M. le procureur du Roi
de Rennes, quand ce magistrat ne lui avait pas
adressé de requête ; ainsi, il m'a fait conduire
de son chef devant vous ; ainsi, il m'a fait transférer à cent lieues de mon domicile, quand il pouvait n'y avoir plus lieu à me faire faire ce voyage,
quand la partie civile pouvait avoir retiré sa
plainte, quand vous pouviez d'office vous être
dessaisis de l'affaire, quand vous pouviez vous
en dessaisir avant que je fusse arrivé.

En arrivant à Rennes, j'aurais dû, ce semble,
être conduit directement en prison : M. le procureur du Roi a exigé que je parusse d'abord

devant lui.— Mon escorte avait suffi pour me conduire de Paris à Rennes ; elle aurait pu suffire,
je crois , pour me conduire de la diligence à la
Tour-le-Bat : on a jugé à propos de la renforcer.— \
L'instruction de mon affaire était depuis longtems terminée ; M. le juge‑instructeur en
avait été dessaisi par l'ordonnance qui en a saisi
ce tribunal : ce magistrat a exigé que je fusse
conduit devant lui pour subir un interrogatoire.

Après une longue suite de procédés plus ou
moins irréguliers et violens , je me trouvais détenu à cent lieues de chez moi , dans une ville
où je ne connaissais personne. Je n'étais encore
que prévenu ; je n'étais prévenu que d'un délit
peu grave ; je n'étais poursuivi que par un particulier : les journaux ministériels avaient eu
grand soin de le dire..... Il semble que, dans
un tel état de choses , il pouvait être permis
de s'intéresser à la situation d'un homme qu'on
croyait d'ailleurs avoir quelque raison d'estimer.
On a paru trouver cela repréhensible. L'autorité
s'est montrée offensée des sentimens qu'on me
manifestait ; elle a sévi pour en réprimer l'expression , lorsqu'elle n'avait rien que de décent et de
légal , et j'ai eu la douleur de devenir ici l'occasion d'un emprisonnement.

Enfin, Messieurs, dans une affaire où je ne
suis, dit-on poursuivi, que par un particulier,
ce particulier est, en quelque sorte, l'homme
dont, jusqu'à ce moment, j'ai le moins apperçu
l'action. Rien de sa part, jusqu'à la dernière
audience, ne m'avait averti de ses plaintes ; c'est
presque un bruit public qu'il ne s'est plaint qu'à
la sollicitation de ses supérieurs, et que même
il en a manifesté une sorte de regret ; tandis
que le ministère, qui se dit étranger à ces poursuites, a plusieurs fois déchaîné ses journaux
contre nous ; tandis que, dans l'excès de son
zèle, M. le procureur du Roi de Paris, n'attend
pas même, pour me faire conduire devant vous,
qu'il y ait un jour assigné pour l'audience ; tandis
qu'à mon arrivée dans cette ville, des officiers
de gendarmerie s'empressent de venir offrir leurs
services à M. le procureur du Roi, et disputent
presque à mon escorte le plaisir de m'emprisonner ; tandis que la première autorité de ce
département fait enfermer dans un fort, à dix
ou douze lieues de sa famille, un homme prévenu de m'avoir donné une sérénade ; tandis que
cette simple démonstration d'intérêt est devenue,
dit-on, l'objet de plusieurs rapports aux premières autorités de l'état ; etc. (1)

_____

(1) Puis-je omettre de faire mention ici de l'escorte qu'on
m'a donnée le 28 mai, pour me conduire de ma prison au

Voilà, Messieurs, quels ont été, dans cette affaire, les actes de la partie publique. Peut-être, en les considérant bien, me serait-il permis de demander à ceux qui trouvent que ma conduite ressemble très fort à un système de désobéissance, si cette procédure ne ressemble pas un peu à un système de persécution. Mais je ne veux pas récriminer ; je ne veux qu'expliquer ma conduite. Elle a été simple, Messieurs, et quoiqu'elle ait été exempte de faiblesse, vous ne trouverez pas qu'elle ait manqué de modération. Je peux l'expliquer en une phrase. Je me suis soumis à la force sans résister et sans me plaindre ; mais je n'ai pas voulu exécuter volontairement des actes que je trouvais illégaux ; j'ai protesté contre ces actes, au contraire, et je l'ai fait avec toute l'énergie dont je suis capable ; je l'ai fait, parce que tel était mon devoir ; parce que tout honnête

tribunal, et me reconduire du tribunal à ma prison ? J'avais deux gendarmes devant moi, deux à mes côtés et deux derrière ; un huissier à verge ouvrait la marche, et le concierge de ma prison la fermait. C'était donc, de bon compte, huit hommes que j'avais autour de moi ! Huit hommes pour conduire un prévenu de calomnie ! Et huit hommes dont six étaient armés de sabres, de fusils et de baïonnettes !.... La chose semblait si étrange qu'on demandait, m'a-t-on dit, dans le public, si MM. les officiers de gendarmerie n'auraient pas voulu me faire la galanterie de me donner une garde d'honneur ?

homme est obligé d'empêcher, par tous les
moyens que les lois mettent à sa disposition,
qu'on n'attente dans sa personne à des garanties
sur lesquelles repose la sûreté publique ; parce
que celui qui ne le fait pas, me paraît un mauvais
citoyen, qui fonde par sa lâcheté la servitude
commune ; parce qu'enfin, ce n'est qu'ainsi qu'on
peut mettre un frein aux licences du pouvoir
ministériel, et maintenir quelque ordre dans la
société civile.

J'ai été frappé de l'irrégularité des poursuites
dirigées contre moi, dès la première significa-
tion du mandat d'amener, et mes protestations
ont commencé, en quelque sorte, avec la procédure. Aussitôt que ce mandat m'a été remis,
je me suis présenté avec mon collègue devant M.
le Procureur du Roi. Nous lui avons dit qu'il ne
nous était pas possible d'exécuter cet acte ; nous
lui en avons exposé les raisons ; il a paru les sentir,
et cependant il nous engageait à nous rendre volontairement à Rennes. Nous lui avons répondu
qu'on pouvait nous contraindre, mais que nous
ne saurions aller volontairement ; que nous ne
pouvions pas contribuer, par une conduite molle
et une déférence peu éclairée, à fonder une jurisprudence aussi monstrueuse que celle que ten-
daient à établir les poursuites commencées contre
nous à Rennes. Nous l'avons supplié, en même

temps, de ne pas voir dans ce refus le désir d
nous soustraire aux poursuites de la justice ; nou
lui avons dit qu'on nous trouverait toujours prêt
à comparaître devant nos juges naturels , et qu
si l'on avait quelque plainte à former contr
nous, à l'occasion de nos ouvrages , on pouvai
nous citer devant les tribunaux de Paris , que
nous nous présenterions devant eux à toute réquisition.

On ne s'est pas contenté de ces offres. On est
venu , après plusieurs semaines d'hésitation , et
après avoir passé par une succession de nuances
habilement graduées , exécuter le mandat de
M. le juge d'instruction de Rennes. J'ai cédé à
la force ; mais j'ai protesté contre l'usage qu'on
en faisait. Le jour même de mon arrestation , j'ai
déclaré par écrit à M. le procureur du Roi que
je considérais comme un violent abus de pouvoir
qu'on m'arrêtât ainsi en vertu d'un mandat lancé
de Rennes , pour un délit commis à Paris, et
dont les Tribunaux de Paris *seuls* pouvaient
connaître.

Quand il a été question de me transférer à
Rennes , on aurait voulu que je me prêtasse volontairement à cette translation ; on m'engageait,
comme je l'ai déjà dit, à en faire les frais, si je
ne voulais être conduit à pied. Voici ce que j'ai
répondu à M. le procureur du Roi :

« Monsieur, on me demande quel parti je veux
» prendre relativement à mon transfèrement à
» Rennes; on me fait entendre que, si je n'offre
» pas de payer mon voyage et celui de l'escorte
» que vous me donnerez, je cours le risque d'être
» conduit à pied. Que puis-je répondre ? Traduit
» de vive force devant des juges qui ne sont pas
» les miens, consentirai-je encore à pourvoir aux
» frais de cette violence, et à payer pour être per-
» sécuté ? Non, monsieur. Vous ordonnerez à cet
» égard ce qui vous paraîtra le plus convenable. Les
» articles 4 et 12 du décret du 18 juin 1811, relatifs
» à la translation des prévenus, vous permettent
» de les faire conduire à pied, à cheval, en char-
» rette, en diligence, en chaise de poste. Vous
» choisirez entre ces modes, Monsieur; vous
» adopterez celui que votre humanité, votre res-
» pect pour les bienséances vous indiqueront.
» Quant à moi, je n'en préfère aucun; je les
» repousse également tous : de quelque manière
» qu'on me conduise à Rennes, on ne m'y con-
» duira que par un horrible abus de pouvoir,
» contre lequel je proteste de toutes les forces de
» mon esprit et de mon âme. Après cela, je suis
» en vos mains; disposez de moi; vous pouvez
» me considérer comme un corps sans volonté :
» *materia circà quam.* A Dieu ne plaise que je
» repousse aucune de vos rigueurs; plus elles

» seront grandes, plus elles seront instructives ;
» on verra, par tout ce que vous me ferez souf-
» frir, jusqu'à quel point nos lois criminelles
» peuvent se plier aux persécutions privées, et
» peut-être l'excès du mal fera-t-il sentir le
» besoin du remède. Je ne m'oppose donc à
» rien, Monsieur ; je désavoue même tout ce que
» mes amis auraient fait ou pourraient faire en-
» core pour exciter votre miséricorde ; je m'a-
» bandonne entièrement à vous. Si vous voulez
» me faire conduire à pied, j'irai sans murmurer,
» tant que mes forces me soutiendront ; si les
» forces me manquent, vos préposés sauront sans
» doute quel parti ils auront à prendre : dans tous
» les cas, il ne tiendra pas à moi que votre volonté
» ne soit faite, et que je n'arrive, mort ou vif,
» devant les juges de Rennes. »

Bientôt on a envoyé des gendarmes pour m'ex-
traire de la Force et me transférer dans cette ville.
On m'a trouvé disposé à me laisser conduire ; mais
en me résignant, j'ai dû, pour la conservation de
mes droits, attendre qu'on vînt me saisir dans
l'intérieur de ma prison, et il a été constaté,
devant témoins, qu'on m'enlevait, et que je
n'allais pas volontairement.

Telle a été ma conduite, Messieurs. On peut
y voir une suite de protestations ; mais non pas
un système de désobéissance. Protester, en effet,

ce n'est point désobéir ; c'est invoquer ses droits,
en cédant à la force ; c'est se soumettre en faisant
ses réserves. Voilà ce que j'ai fait. Je me suis soumis, et encore soumis. Je l'ai fait sans faiblesse,
mais sans manifester un seul instant le dessein de
faire résistance. Seulement, en subissant l'exécution
des mandats lancés contre moi, j'ai déclaré, parce
que j'en étais convaincu, qu'on me faisait violence ; j'ai protesté, en quelque sorte, à chaque pas
qu'on m'a fait faire vers vous, et je renouvelle res-
pectueusement mes protestations aux pieds de ce
tribunal, où vous déciderez, j'espère, que je
n'aurais pas dû paraître.

Je ne sais pas, Messieurs, ce que le plus rigoureux ami de l'ordre pourrait trouver à re-
prendre dans une telle conduite. Quand même
il serait décidé qu'on n'a pas eu tort de me traduire devant vous, j'aurais encore eu raison de
réclamer contre cet acte, si je le trouvais contraire à mes droits et à la sûreté commune ;
et j'ai peine à comprendre, je l'avoue, comment
des magistrats éclairés et probes, ont pu trouver
dans des protestations aussi régulières, surtout
quand elles étaient faites sans emportement et
sans aigreur, un motif pour me refuser ce que
la loi ne dénie qu'aux vagabonds et aux repris
de justice : je n'ai pas besoin d'observer que je
prends ce mot dans une acception un peu moins

étrange que celle qu'on a voulu lui donner.

Peut-être, Messieurs, eût-il été aussi noble et aussi juste d'honorer cette manière d'agir, que de m'en faire un crime. Il semble, en effet, que ce n'est pas manquer tout-à-fait de désintéressement et de zèle pour le bien public, que de se prêter à faire ainsi, sous les verroux, des expériences auxquelles le public est intéressé. Voilà bientôt deux mois que je suis privé de ma liberté, depuis que la question de la compétence s'agite. Cette discussion tend en quelque sorte à ajourner indéfiniment l'époque de ma libération. Si j'avais affaire à des magistrats moins éclairés et moins intègres, elle pourrait beaucoup se prolonger; il serait possible qu'après cinq ou six mois de captivité, il n'y eût pas encore lieu d'examiner si je suis coupable; tandis que, si j'avais voulu reconnaître la juridiction de ce tribunal, il y a longtemps que je serais jugé et sans doute absout, car les moyens de repousser le reproche de calomnie qui m'est adressé ne me manquent point. Il eût donc été de mon avantage, à prendre ce mot dans un sens étroit et vulgaire, de faire le sacrifice de mes droits et des intérêts du public; mais il m'a semblé qu'une pareille conduite serait peu noble; et, sans trop calculer combien de mois de prison il pourrait m'en coûter, j'ai bien résolu de ne pas m'occu-

per de la plainte , avant d'avoir fait décider ,
dans l'avantage commun des écrivains et du
public , si les magistrats qui m'ont mandé devant vous avaient qualité pour cela , et si vous
pouvez accepter la compétence qu'il leur a plu
de vous faire.

Déjà , Messieurs , l'examen de cette question
a provoqué une décision importante, et qui éveil-
lera sans doute l'attention de notre parlement.
La cour de cassation , à qui nous avions dénoncé
les mandats en vertu desquels on m'a conduit
dans cette ville , a décidé que c'étaient-là de simples actes d'instruction , dont l'examen excédait
les bornes de sa compétence. Ainsi donc , il
n'y a pas de recours possible contre un mandat ;
pas de moyen possible d'en arrêter l'exécution.
Ainsi, quelque monstrueux qu'il soit dans sa
forme , quelque absurdes qu'en paraissent les
motifs, quelque incompétent que puisse être le
magistrat qui l'a décerné , il faut d'abord commencer par l'exécuter ; il faut en subir tous les
effets , avant que de pouvoir se plaindre ; il a
fallu , par exemple, que je vinsse à Rennes examiner si l'on avait le droit de m'appeler à Rennes ; comme il faudrait , s'il prenait fantaisie
aux juges d'instruction de Lille et de Bayonne ,
de Brest et de Perpignan , de me mander dans
chacune de ces villes, que je commençasse par aller

dans toutes , avant que de pouvoir faire décider
si l'on avait qualité pour m'y faire conduire;
comme il faudrait, si j'étais assigné par un juge
d'instruction de la Corse, des Antilles, des grandes
Indes, que je prisse mon parti d'aller en Corse,
aux Antilles , aux grandes Indes, avant que de
pouvoir mettre en question si le juge qui m'aurait cité était compétent pour le faire. Ainsi ,
des actes capables de produire de pareils effets,
des actes assez définitifs pour faire traîner des
citoyens d'un bout du monde à l'autre , pour les
engager dans d'énormes dépenses , pour les retenir
pendant des années entières sous les verroux , ne
sont cependant que des actes provisoires; et parce
qu'on les qualifie de provisoires, il n'y a pas moyen
de les faire réformer ; le provisoire a plus de
force que le définitif, un juge d'instruction
plus de pouvoir qu'une cour souveraine , un acte
d'instruction , des effets plus inévitables qu'un
jugement en dernier ressort ; ainsi, les volontés
d'un juge instructeur, exprimées en forme de
mandats, sont plus irrésistibles que les lois mêmes,
puisqu'une loi peut être réformée avant qu'on
l'exécute, et qu'un mandat doit être exécuté
avant qu'on puisse le faire réformer ; ainsi un
juge d'instruction est une puissance dont rien ne
peut suspendre ni modifier les ordres ; c'est
un maître absolu; on ne peut que tomber à ses

pieds et implorer sa clémence..... Il est permis
d'espérer, Messieurs, qu'une contestation qui nous
a conduits à faire remarquer une pareille monstruosité dans notre législation, ne sera pas sans
fruit pour la liberté publique.

La même contestation aura pour effet de
fixer la jurisprudence sur une question qui n'est
guère moins importante, quoiqu'elle ne paraisse
pas intéresser aussi immédiatement tous les
citoyens. C'est celle de savoir où se commet un
délit de la presse.

Nos lois criminelles attribuent la connaissance
d'un délit à l'un des trois tribunaux suivans :
celui du *domicile du prévenu*, celui du lieu *où
il est trouvé*, celui du lieu *où s'est commis le délit*.
Cette règle est générale, et s'applique, à moins
d'exception, à tous les délits ; or, il n'est pas
fait d'exception pour les délits de la presse,
donc ces délits ne peuvent être jugés que par
le tribunal du *domicile de l'auteur*, du lieu *où il
est saisi*, ou du lieu *où s'est commis le délit*.
On ne conteste point sur le lieu du domicile,
ni sur le lieu de la *capture* du prévenu ; mais
il s'élève une difficulté sur le lieu du délit ;
on demande quel est le lieu où se commet un
délit de la presse.

M. le Garde des sceaux, dans la dernière session des chambres, a avancé en principe que

les délits de la presse n'avaient point de lieu déterminé, qu'ils se commettaient partout où PAR-VENAIT l'écrit imprimé. En conséquence de ce principe, il a voulu faire établir en loi, que toute personne qui se prétendrait lésée par un écrit, pourrait se plaindre au juge de son domicile, si cet écrit y PARVENAIT. Le projet du ministre a été rejeté ; mais sa théorie s'est maintenue ; et comme il paraît que les théories de son excellence ont force de loi, il est arrivé qu'en vertu de sa théorie j'ai été saisi dans mon lit, puis claquemuré dans la maison d'arrêt de la Force, et enfin conduit entre deux gendarmes dans la ville de Rennes, où il paraît que quelques exemplaires de notre avant dernier volume étaient *parvenus*, et où il s'est trouvé une personne qui s'est *prétendue lésée* par ce volume.

J'ai donc été traduit devant vous, Messieurs, parce que l'ouvrage dont on se plaint est *parvenu* dans le ressort de votre tribunal, et parce que, d'après la théorie de M. le Garde des Sceaux, l'auteur d'un écrit prétendu répréhensible, se rend coupable partout où son écrit *parvient*. Mais est-il vrai qu'un délit de la presse n'ait pas de lieu déterminé, qu'il se commette partout où *parvient* l'écrit, et que vous puissiez juger un écrivain, par cela seul que son écrit est *parvenu* dans votre territoire ? C'est la ques-

tion qui vous est soumise, et que mon défenseur
va développer devant vous.

Vous avez à déterminer, Messieurs, ce qui
forme le corps d'un délit de la presse ; si ce
délit se renferme dans le fait de la composition,
de l'impression et du dépôt d'un ouvrage, ou
s'il se continue dans toutes les conséquences de
ce fait ; s'il se poursuit dans la distribution et
la circulation ultérieures ; s'il se propage comme
le livre, s'il se multiplie comme le nombre
d'exemplaires qu'on en répand, s'il se perpétue
et se transmet d'âge en âge avec l'écrit qui le
récèle ; s'il est un fait unique, circonscrit, ins-
tantané, ou bien un fait multiplié, infini,
éternel ; si, par suite, l'auteur d'un pareil fait
peut être poursuivi une fois ou cent mille fois,
en un lieu ou en cent mille lieux, un seul jour
ou jusqu'à la consommation des siècles.

Vous avez à décider si tout délit ne suppose pas le concours d'un fait criminel et de
l'intention de commettre ce fait ; si ce concours,
pour les délits de la presse, peut exister autre
part que dans la composition, l'impression et
la première mise en vente de l'ouvrage ; si,
quand l'auteur a fait cela, il n'a pas consommé
le délit ; s'il y a fait et volonté de sa part dans
la distribution ultérieure, qui est l'ouvrage des
libraires ; s'il dépend de ceux-ci de lui faire com-

mettre autant de délits qu'ils vendent de fois son ouvrage, de le rendre criminel dans tous les lieux où ils le font parvenir.

Vous avez à décider si, quand les empoisonneurs, les assassins, les incendiaires, les parricides doivent être poursuivis devant leurs propres juges, il sera permis de traduire les écrivains devant les juges de leurs dénonciateurs; et si l'on n'aura pas pour ceux-ci les égards de justice et d'humanité, dont on ne se croit pas dispensé envers les scélérats les plus infâmes.

Vous avez à décider si un écrivain peut être à la fois appelé par tous les juges; si chaque juge peut appeler à la fois tous les écrivains; si la compétence, en matière de délits de la presse, doit être en quelque sorte livrée au pillage; si l'on doit laisser les tribunaux se la disputer; si l'on doit permettre à tout plaignant de la dispenser à son gré, et de saisir le tribunal qui sera le mieux à sa convenance.

Vous avez enfin à décider si une pareille théorie peut se passer de l'appui des lois; si elle est assez raisonnable pour se soutenir d'elle-même; si c'est par des théories qu'on peut déterminer la compétence des tribunaux; si c'est sur des théories et sur des théories aussi abstruses qu'il sera permis d'arrêter les citoyens et de les faire traîner d'un bout du royaume à l'autre.

C'est avec une sincère et pleine confiance, Messieurs, que je vous soumets ces questions. Vous
ferez justice, j'espère, de la doctrine en vertu
de laquelle on m'a conduit de si loin et si arbitrairement devant vous ; vous ne voudrez pas
consacrer par votre décision un pareil désordre;
Vous dispenserez la puissance législative d'intervenir pour le réprimer ; vous vous servirez des
moyens que les lois vous donnent pour l'étouffer
à sa naissance.

Vous vous défendrez surtout, Messieurs, contre
une disposition trop commune , sinon aux tribunaux qui ne consultent et n'appliquent ordinairement que la loi, du moins aux gouvernemens
qui font , en général , un grand usage de ce qu'on
appelle la raison politique, et qui punissent trop souvent les hommes du mal même qu'ils leur ont fait.
Une des maximes les plus constantes des gouvernemens, a dit un écrivain du dernier siècle , c'est
de ne jamais revenir de leurs sottises. On s'engage dans de mauvaises mesures ; on s'apperçoit
après qu'on l'a fait un peu légèrement; on en a
du regret ; mais on persiste pour n'avoir pas l'air
de céder: on n'ose plus être juste, de crainte de
paraître faible. C'est une disposition fort naturelle au cœur humain ; mais je n'en connais pas
de plus dangereuse pour les gouvernemens. Il
n'est pas de pouvoir si bien affermi qui puisse

tenir contre la pratique de pareilles maximes. Persister dans de mauvaises mesures, c'est perpétuer les résistances qu'elles provoquent; c'est se mettre dans la nécessité de les soutenir par des mesures encore plus mauvaises, qui provoqueront des résistances encore plus violentes; c'est se placer sur la voie des révolutions. Quand on a le malheur d'avoir fait une faute, le parti le plus sage est de la réparer ; cela est vrai pour les gouvernemens comme pour les individus, et la meilleure raison d'état est la justice.

Au reste, Messieurs, la nature de vos fonctions vous dispense, vous interdit même d'entrer dans des considérations de ce genre ; vous devez appliquer les lois sans vous inquiéter des conséquences de leur application. Vous n'examinerez pas jusqu'à quel point la justice que vous m'accorderez pourra déplaire à quelques hommes; vous ne soutiendrez pas une mauvaise mesure par cela seul qu'elle a été prise et qu'il ne faut pas avoir l'air de reculer, et ce ne sera certainement pas vous qui consentirez à me punir de la violence qui m'a été faite.

DUNOYER , Partie.

LHERMITE , Avoué.

EXTRAIT DE L'ORDONNANCE

DE LA CHAMBRE DU CONSEIL DU TRIBUNAL DE PREMIÈRE INSTANCE DE RENNES,

Qui a renvoyé MM. COMTE *et* DUNOYER *en prévention devant la seconde chambre de ce Tribunal, jugeant en police correctionnelle.*

LA première chambre du tribunal de première instance de Rennes, réunie conformément à l'art. 127 du code d'instruction, et composée de MM. Desnos de la Grée, président; Lesire, Chellet et Pocquet juges, a rendu, sur le réquisitoire de M. le Procureur du Roi, en date du 30 mars dernier, l'ordonnance qui suit:

Considérant qu'à la page 388 du sixième volume du Censeur Européen les auteurs font l'imputation à M. Béchu, qu'il n'a pas rempli ses fonctions de procureur du Roi, à l'occasion d'un fait qu'ils précisent et qu'ils présentent comme une prévarication;

Considérant que, dans le même alinéa, ces auteurs affirment que M. Béchu poursuit avec un zèle infatigable la moindre peccadille commise par toutes les personnes qui ne peuvent pas s'honorer du titre de chouan, et qu'ainsi ils font à

ce magistrat le reproche le plus injurieux , puisqu'ils attaquent son impartialité , et prétendent
que l'esprit de parti le dirige dans l'exercice de
son ministère ;

Considérant que ces diverses imputations dirigées
contre un magistrat qu'elles incriminent à l'occasion de ses fonctions , en l'accusant de partialité
et d'oubli de ses devoirs , sont de nature à attirer
sur lui le mépris et la haine de ses concitoyens ,
et caractérisent le délit de calomnie , tel qu'il est
défini par l'art. 267 du code pénal ;

Considérant que les articles 23 , 63 et 69 du
code d'instruction criminelle établissent une concurrence pour la poursuite des délits entre les
magistrats du lieu où le délit a été commis, du
lieu de la résidence du prévenu et du lieu où il
pourra être trouvé ; que l'information apprend
qu'un nombre assez considérable d'exemplaires
de l'ouvrage argué de calomnie , ont été répandus
dans la ville de Rennes , et que , de plus , M.
Béchu a joint à sa plainte un de ces exemplaires , pour constater le corps du délit.

*Considérant que le délit de calomnie existe
et se renouvelle partout où se répand l'écrit
calomnieux*, surtout lorsque cet écrit est destiné
à une grande publicité par la voie de l'impression ; que par l'effet de la circulation injurieuse
pour M. Béchu , qui a été donnée à l'ouvrage

précité , dans la ville de Rennes , les magistrats
du tribunal de première instance de cette ville ,
sont devenus juges du lieu où le délit de calomnie a été commis , et par conséquent sont compétens pour poursuivre et juger les auteurs de
cette calomnie ;

Considérant que des mandats d'amener, et des
mandats de dépôt ont été successivement décernés contre les sieurs Comte et Dunoyer, qui
ont jugé à propos de se soustraire aux recherches
de la justice, et que ces mandats n'en doivent pas
moins être exécutés contre eux ;

Par ces motifs , le tribunal faisant droit au
réquisitoire définitif susdaté de M. le procureur du
Roi , déclare , que les sieurs Comte et Dunoyer ,
sont suffisamment prévenus du délit de calomnie , prévu par l'art. 367 du code pénal,
ordonne , en conséquence , en exécution de l'art.
130 du même code d'instruction, qu'ils soient
renvoyés avec les pièces de la procédure et le
sixième volume du Censeur Européen , objet de
conviction , sous les mandats de dépôt décernés
contre eux, devant le tribunal correctionnel de
Rennes , pour y être statué à leur égard , ainsi
qu'il appartiendra.

Délibéré et arrêté en la chambre du conseil ,
à Rennes , le 11 avril 1818.

RÉQUISITOIRE

DE M. LE PROCUREUR DU ROI,

Et Ordonnance de la première Chambre du Tribunal de Première Instance de Rennes , sur la demande de mise en liberté sous caution, présentée par MM. COMTE et DUNOYER.

Attendu que les prévenus ont été condamnés par un précédent jugement à trois mois de prison, comme coupables de faits graves ;

Attendu qu'ils sont *repris de justice*, aux termes de l'article 115 du Code d'instruction criminelle ;

Le Procureur du Roi conclut à ce que leur mise en liberté provisoire ne soit pas ordonnée. Au parquet, le treize mai mil huit cent dix-huit. *Signé* JULES DESPLANTES.

La première chambre du tribunal de première instance, séant à Rennes, département d'Ille et Vilaine, réunie en la chambre du conseil, conformément à l'article 127 du Code d'instruction, et composée de MM. Desnos de Lagrée, président ; Lesire, Chellet et Pocquet, juges, a rendu sur le réquisitoire de M. le procureur du Roi, en date du 13 courant, l'ordonnance qui suit :

Considérant qu'indépendamment de la question de savoir si les auteurs du Censeur Européen doivent être considérés comme *repris de justice*, *il est du moins constant que déjà ils ont subi une condamnation judiciaire de la nature la plus grave*, puisqu'elle avait pour objet des calomnies et des injures publiées dans leur ouvrage, contre la personne du Roi;

Considérant que les sieurs Comte et Dunoyer ont cherché à se soustraire à l'exécution des mandats d'amener et de dépôt décernés contre eux, à de longs intervalles, et que, récemment encore, le sieur Comte assigné devant le tribunal correctionnel de Rennes, n'a pas jugé à-propos de comparaître, et qu'ainsi leur conduite *annonce un systéme de désobéissance à la justice.*

Considérant que le sieur Dunoyer a plaidé devant la cour de cassation, que sa présence en Bretagne, ainsi que celle du sieur Comte, pourrait rallumer les passions, et détruire les heureux effets du voyage qu'un prince auguste à fait dans nos contrées, et que cette allégation, quoique démentie par les loyaux sentimens qui animent nos compatriotes, suffit néanmoins pour persuader que *ce ne serait pas sans inconvénient* que la liberté provisoire serait accordée.

Considérant que *la chambre du conseil est investie d'un pouvoir discrétionnaire pour accorder la liberté provisoire;* mais qu'elle ne doit pas en faire usage toutes les fois que la réunion des circonstances de l'affaire *peut faire prévoir des inconvéniens*, que son devoir est, avant tout, de prévenir ;

Par ces motifs : la chambre du conseil usant de la faculté que lui donne l'article 114 du code d'instruction criminelle ; déclare qu'il n'y a pas lieu d'accorder la liberté provisoire aux sieurs Charles - Barthelemy Dunoyer et Charles-Louis Comte, avocats à Paris, auteurs du Censeur Européen, et en conséquence les déboute de la requête qu'ils ont présentée à cet effet.

Fait à Rennes en la chambre du conseil, le 16 mai 1818.

PLAIDOYER

PRONONCÉ

PAR M. MÉRILHOU,

AVOCAT,

POUR M. DUNOYER,

L'UN DES AUTEURS DU CENSEUR,

ACCUSÉ DE CALOMNIE.

TRIBUNAL
DE PREMIÈRE
INSTANCE
de
RENNES.

Chambre
correctionnelle.

*Audience du
samedi* 30 *mai*
1818.

MESSIEURS,

EN me voyant paraître dans cette enceinte, vous avez dû penser qu'il avait fallu de graves motifs pour me déterminer à faire entendre une voix étrangère sous ces voûtes accoutumées à de plus nobles accens.

Jusqu'ici je n'avais exercé mon ministère que devant les magistrats qui avaient accueilli avec indulgence les premiers efforts de mon zèle. Témoins de ma vie tout entière, convaincus de la pureté de mes motifs, ils m'ont sans cesse environné de cette bienveillance encourageante, qui nous est si nécessaire, lorsque notre devoir

nous oblige à lutter pour la faiblesse contre
la puissance.

Aujourd'hui, dépouillé de ce noble appui, je
viens entreprendre une discussion qui peut être
longue et orageuse, devant des juges auxquels je
suis tout-à-fait inconnu. J'ose introduire un défenseur nouveau au milieu de ce barreau si célèbre
dans toute la France par tant de talens, et par
une héroïque intrépidité, digne des regards de
l'histoire. En parlant devant ces orateurs que
j'aurais choisis pour maîtres, ne dois-je pas craindre de vous, Messieurs, le reproche adressé jadis
au sophiste qui discourait sur la guerre devant
Annibal? Ne m'accusera-t-on pas d'avoir par
une folle présomption, privé le prévenu du gage
le plus sûr de ses succès, c'est-à-dire, de l'élo-
quence des orateurs qui honorent cette province?

Magistrats et Citoyens Bretons, ne m'accusez
pas d'une téméraire confiance. Je ne viens pas
établir de rivalité avec vos orateurs : autant que
vous je respecte leur gloire, et je me garderai
de vouloir parcourir le domaine qu'ils ont illustré:
ce n'est pas un défenseur qui accourt au milieu
de vous pour exercer un ministère dû a tout
opprimé qui l'invoque : ce n'est qu'un ami qui
vient de loin, devant vous, payer pour la seconde
fois la dette de l'amitié.

Compatriote, condisciple, ami dévoué, je

suis uni aux auteurs du Censeur par tous les liens que le hasard forme quelquefois, que l'affection et l'estime peuvent seuls consacrer, et que le temps finit par rendre indissolubles. Un an n'est pas encore écoulé depuis que je les ai disputés six mois aux cachots de la capitale : cet orage nouveau ne rebutera pas ma constance : elle restera inaltérable comme le courage du prévenu. Quel que soit le résultat de la lutte qui s'engage en ce moment, le malheur ou le succès du prévenu ne seront que d'un intérêt secondaire : ici, comme par le passé, le procès du Censeur Européen pourra offrir un utile exemple, celui de la résignation dans l'infortune, de l'abnégation de soi-même au milieu d'un intérêt général, et de l'impuissance ou de l'utilité des lois existantes pour protéger la sécurité des citoyens : aujourd'hui, comme en 1817, M. Dunoyer consent à être la matière expérimentale de l'effrayante immensité d'une compétence arbitraire. Puissent ces débats éclairer le législateur sur les vices des textes qui peuvent les laisser naître, et qui abandonneraient à une jurisprudence variable la fixation des limites de la compétence, dont l'immutabilité est la garantie la plus efficace de la sécurité des accusés, et de l'impartialité des juges.

La difficulté qui doit vous occuper en ce moment est donc une des plus importantes qui puissent être élevées sur les matières qui tiennent à la publication de la pensée. Il ne s'agit de rien moins que de placer les écrivains hors de la protection de la loi commune, et de les frapper d'une sorte de dégradation civique, en livrant chacun d'eux à tous les caprices de tous les hommes revêtus de la moindre portion du pouvoir.

C'est en France, c'est devant des tribunaux français, c'est sur la cendre des grands écrivains qui ont doté leur pays de leur gloire, qu'il faut combattre avec tant d'efforts, et peut-être avec quelque courage, pour que des hommes dont les écrits seraient lus avec avidité dans toute l'Europe, dont le caractère aurait été toujours respecté par la calomnie des factions, et dont la personne serait honorée dans les fers, par les marques de la plus noble bienveillance, jouissent des mêmes droits que des êtres dégradés par la vilité même de l'accusation, et dont le simple salut ferait rougir un honnête homme.

Ce ne sont pas des privilèges, ce ne sont pas des faveurs spéciales que nous venons demander pour les écrivains: ils ne réclament que le droit de n'être pas jugés d'après d'autres principes, et traités avec plus de rigueur que les voleurs et les filoux.

Encore, si la loi s'expliquait avec quelque précision! Encore, si des textes formels imposaient cet étrange

système que je dois combattre ! Il faudrait bien
bien se soumettre, quoique à regret, et tout en
provoquant la réforme d'une législation vi-
cieuse, l'exécuter provisoirement.

Mais, aucune loi n'autorise cette monstrueuse
fiction d'une compétence universelle et perpétuelle
pour les délits de la presse : aucun arrêt ne
l'a consacrée ; car la prétendue décision relative
aux poursuites dirigées à Bordeaux contre les
écrivains du Mercure n'a jamais existé, et ne
vous sera pas représentée.

Depuis un an, dans les accusations relatives
aux abus de la presse, on a avancé dans l'intérêt du pouvoir, bien des doctrines, dont le
temps et la raison publique ont fait justice ; mais
jusqu'à présent l'idée de cette compétence universelle n'était entrée dans la tête de personne. Lorsque cette théorie a pris naissance dans les tribunaux de cette ville, pour aller frapper des
citoyens établis et domiciliés à Paris, je n'ai
entendu dans la capitale de la part de tous les
hommes consacrés à l'étude des lois, que l'expression de la plus profonde surprise : cette
opinion que j'aurais pu croire circonscrite dans
l'enceinte du barreau de Paris, je la trouve par-
tagée par le barreau breton tout entier, qui en
a délivré l'attestation la plus solennelle.

Ainsi donc, lorsque dans le silence des lois et

des arrêts, cette doctrine d'exception n'a été soumise encore qu'à la législature qui l'a condamnée,
et aux jurisconsultes qui l'ont réprouvée, je puis
aborder avec quelque confiance une discussion, où
je puis succomber, sans que la vérité soit pour cela
déshéritée de ses droits ; une erreur de plus n'est
pas impossible sans doute ; mais la charte et le droit
commun qui réclament, mais la raison publique
qui proteste, seront tôt ou tard entendus.

Avant d'entrer dans la discussion de nos moyens,
je n'exposerai point les faits qui s'y réfèrent ; je
n'examinerai point si le ministère public a suffisamment expliqué et précisé la preuve des circonstances dans lesquelles il place le siège du
délit, et le prétexte de la compétence de ce tribunal. Cette partie de la cause sera plus conve-
nablement débattue avec le fonds de la défense,
si toutefois vous vous condamnez à cette tâche
affligeante. Ainsi, je raisonnerai sur ces faits
d'une manière hypothétique, et je supposerai que
le prévenu est bien l'auteur du 6.ᵉ volume du
Censeur Européen, parvenu à Rennes sans sa
participation, et même à son insçu.

Il y a plus : j'imposerai silence à l'amertume
de mes souvenirs. Par respect pour le tribunal
devant lequel j'ai l'honneur de parler, je m'abs-
tiendrai de toute récrimination sur les rigueurs
inouies et sans objet développées contre le sieur
Dunoyer. J'ai vu bien des accusations en calom-

ie : j'en ai vu qui présentaient des attaques di-
igées contre des premiers présidens, des procu-
eurs-généraux, des cours royales tout entières,
es ministres, le Roi lui-même : j'en ai vu pour
es calomnies atroces, qui avaient déterminé
ne condamnation capitale contre un inno-
ent. Jamais je n'entendis parler d'une arresa-
ation préliminaire ; on ne l'emploie pas même
dans des délits plus graves, contre des citoyens
domiciliés. Bastide et Jausion n'ont point été
arrêtés avant l'interrogatoire ; je défie la contra-
dition sur ce point. Mais à quoi bon nous plaindre de cette distinction ? S'il fut donné au prévenu
d'offrir l'exemple unique d'un système inouï de
sévérité, ne lui fut-il pas donné aussi d'exciter
l'intérêt le plus vif et le plus général dans les
classes les plus éclairées et les plus indépendantes
de la nation bretonne : douce récompense d'une
vie utile et d'un talent distingué !

Le ministère public suppose que le sieur Dunoyer
est l'auteur du sixième volume du Censeur. Il
convient que ce volume a été publié à Paris, que
c'est à Paris qu'a été fait le dépôt, et qu'a été délivré le récépissé désiré par la loi. Il est notoire
que l'auteur est domicilié à Paris ; que le Censeur présente sur sa première feuille l'indication
des villes où les auteurs ont placé des dépôts de leur
ouvrage, et que la ville de Rennes n'est point

indiquée dans cé nombre. La procédure a constaté que les exemplaires parvenus à Rennes, n'y
ont été envoyés ni par les auteurs ni par leurs
mandataires, et y sont parvenus au contraire
sans leur participation, et même à leur insçu.
Rien n'établit que ce n'est pas M. Béchu, lui-même,
le plaignant, qui y a apporté de Paris, l'exemplaire déposé au greffe, afin d'avoir le plaisir
de fixer lui-même la compétence, ainsi qu'il
l'entendait.

C'est de ces faits ainsi supposés que le ministère public et l'ordonnance de la chambre du
conseil font dériver leur jurisdiction imaginaire,
en considérant comme un délit commis à Rennes,
par MM. Comte et Dunoyer, l'arrivée à Rennes,
sans leur participation, d'un volume qu'ils n'y ont
pas envoyé. Délit d'une nature bien étrange,
puisqu'il existerait sans l'intention et sans le fait
du prétendu délinquant : erreur déplorable,
puisqu'elle a eu pour premier résultat un emprisonnement de deux mois, et une translation
forcée à travers toute la France.

Voilà le système de compétence de la chambre
du conseil, réduit à sa plus simple expression.

Un délit sans intention et sans fait !.... La
raison humaine peut-elle supporter une semblable
théorie? Défendons la loi contre l'injure qu'on veut

lui faire, en la rendant complice d'une absurdité.

La fixation de la compétence, c'est-à-dire, l'attribution à tel ou tel juge du droit de juger tel ou tel procès, est de droit public ; parce qu'en effet, le droit de rendre la justice n'existant que par une délégation de la loi politique, c'est à elle à déterminer d'avance la nature de chaque juridiction, les cas où elle devra s'exercer, le territoire où elle devra être renfermée, et. les formes dont son exercice doit être accompagné.

Ainsi, point de compétence, point de juge, point d'autorité obligatoire, s'il n'y a délégation de la' loi ; des actes faits hors de la ligne légale, peuvent bien être executés, parce que la force les accompagne, mais n'en sont pas moins des monumens d'ignorance et d'erreur.

Ces règles, si sacrées dans la justice civile, sont plus nécessaires encore dans la justice criminelle ; car la règle doit être plus sévère, lorsqu'il s'agit de statuer sur la vie, l'honneur, la liberté des citoyens.

. Tout homme accusé n'est pas pour cela coupable. Jusqu'à condamnation, la raison et la loi ne voient en lui qu'un malheureux digne de protection, dont elles doivent favoriser sans cesse la justification.

Lorsque le législateur a fixé les règles de la compétence criminelle, il a été principalement

dirigé par le besoin de faciliter à l'accusé les
moyens d'établir son innocence, de constater
la vérité, et surtout d'abréger et d'adoucir autant qu'il est possible les rigueurs de la captivité
préliminaire.

Ceux qui avanceraient que la compétence est
fixée dans l'intérêt de la partie qui poursuit, ca-
lomnieraient la sagesse et l'humanité du législateur. Les anciens nous parlaient toujours des
privilèges de l'accusé, jamais de ceux de l'accu-
teur : il n'a que des devoirs.

S'il pouvait y avoir quelque incertitude dans
l'ordre des jurisdictions criminelles, et si cette
incertitude ne pouvait être levée que par le choix
de l'accusateur, combien serait à plaindre le sort
de l'accusé ! La méfiance et la terreur viendraient
assiéger son cœur, jusque sur le banc de l'infortune : et il lui serait bien difficile de voir
des gages de l'impartialité de ses juges, dans
les motifs qui auraient déterminé pour eux la
préférence de l'ennemi qui le poursuit.

Sans doute, ces sentimens ne sont pas ceux
qui nous accompagnent dans cette enceinte ;
sans doute votre justice forte et indépendante
nous est connue ; et le langage que nous tenons
en ce moment est la preuve la plus forte du
sentiment de notre sécurité.

Mais en examinant une thèse générale, il est

nécessaire d'écarter toutes les considérations qui peuvent tenir aux vertus personnelles des magistrats qui nous sont donnés.

Un principe fondamental est écrit dans la Charte constitutionnelle : *nul ne peut être distrait de ses juges naturels* : tant l'ordre des jurisdictions est sacré aux yeux du législateur suprême.

Quels sont les *juges naturels* d'un citoyen ?

La raison, qui parle plus haut que les sophistes, semble dire assez, que les *juges naturels* d'un citoyen, sont ceux de son domicile, ou ceux qu'il a choisis lui-même, en allant commettre un délit sur leur territoire. Avant la poursuite actuelle, personne ne se serait douté que les *juges naturels* d'un homme fussent ceux de tous les territoires où il n'a jamais passé, et où se sont exécutés des faits dont il n'a pas même connaissance.

On doit cette grande découverte au ministère public de Rennes.

Le législateur de 1810 n'était pas encore arrivé à la hauteur de ces conceptions nouvelles, lorsqu'il a rédigé les articles 23, 63, 69 du Code d'instruction criminelle. La théorie du ministère public est très-respectable sans doute ; mais la loi mérite aussi quelques égards. Nous verrons plus tard lequel des deux doit l'emporter, ou du système du ministère public, ou de celui du Code d'instruction criminelle. Précisons bien d'abord celui-ci.

Le Code déclare également compétent le juge du domicile du prévenu, celui du lieu où il pourrait être trouvé, et celui du lieu où le crime aurait été commis. Il y a plus : comme si le législateur avait voulu frapper et proscrire d'avance les inventions, plus ou moins ingénieuses d'une compétence nouvelle, l'article 69 ordonne impérativement à tout juge d'instruction, qui ne serait pas dans l'un des trois cas déterminé, de se dessaisir de la plainte : il lui défend d'en connaître, et lui prescrit de renvoyer devant le juge d'instruction qui sera compétent, suivant les règles précitées.

Il est difficile de voir un texte plus énergique et plus précis.

A la vue de ce texte, le juge d'instruction de Rennes, qui n'était dans aucun de cas prévus par les articles 23 et 63, a dédaigné de se dessaisir, et a persisté à connaître de la plainte.

Ce qu'il y a de très-remarquable, c'est que la chambre du éonseil motive précisément son ordonnance sur l'article 69 qu'elle allait violer. Sans être dans aucun des trois cas prévus, elle retient la cause en vertu de l'article qui lui défend de la retenir. Ainsi dans la nouvelle théorie des

compétences, exécuter une loi, c'est faire ce qu'elle
défend , et refuser de faire ce qu'elle ordonne.

L'arrondissement de Rennes , n'était ni le lieu
du domicile du prévenu , ni celui de son arrestation , ni celui de l'exécution du délit *consommé*
(si délit il y a) *depuis plus d'un mois à Paris*.
Le ministère public de Rennes a retenu la cause ,
en vertu de l'art. 69 qui le défendait. Le tribunal
de Paris était compétent , non seulement par l'un
des trois moyens de l'article 23 , mais par les
trois moyens réunis ; on devait lui renvoyer l'affaire , en vertu de l'art. 69: on a refusé de faire
ce renvoi, en vertu de l'article qui l'ordonnait.

Je ne sais dans quelle langue on devra désormais faire traduire l'art. 69.

Il fallait sortir de l'embarras que donnaient
des textes aussi gênans : on s'est jetté pour cela
dans des contradictions , et dans la fiction monstrueuse d'un délit de calomnie , indéfiniment ,
par-tout et toujours renouvelé dans tous les points
de l'espace et du tems : ce qui , pour chaque individu , multiplierait un délit de calomnie , et par
conséquent les juges compétens pour le punir ,
et la peine à infliger , par un nombre égal à
celui de tous les tribunaux de France et des
colonies.

La nouveauté de cette idée paraissait exiger
l'indication de quelque lois , ou pour le moins

de quelques arrêts, propres à lui donner droit
de bourgeoisie dans une législation raisonnable.

On a cru qu'au lieu d'en prouver l'exactitude,
il suffisait de l'énoncer purement et simplement :
la chose était en effet plus facile.

Le délit de calomnie écrite n'est pas un délit
d'une autre nature que les autres délits qui peuvent se commettre par la voie de la presse : à
coup sûr, il n'est pas digne de plus de sollicitude
de la part du ministère public, que le délit de sédition écrite, qui tend *essentiellement* d'une manière
directe ou indirecte, à ébranler l'ordre politique.
Les calomnies contre un simple particulier, *même
contre M. Béchu*, *le président*, ne peuvent en-
courir une peine plus sévère, ni une poursuite
plus rigoureuse, que les calomnies dirigées contre
la personne ou l'autorité du Monarque.

Cela étant, la chambre du conseil, au lieu de
restreindre à la calomnie, son principe chéri de
l'universalité et de l'éternité du délit, aurait
dû le poser en général pour tous les délits qui
peuvent être exécutés par la voie de la presse.
Aucune distinction possible ni raisonnable ne
peut établir pour quelques uns des règles qui
ne soient pas communes à tous.

Pour apprécier toute la gravité de cette erreur,
énoncée d'une manière générale, pour tous les
délits de la presse, ou spéciale pour ceux de

calomnie, il faut rappeler les lois qui réglent le régime de la presse.

. Dans la législation actuelle , indépendamment des formes qui doivent précéder et accompagner l'impression d'un écrit, la publication ne peut avoir lieu qu'après le dépôt des cinq exemplaires au ministère de la police , à Paris , et aux bureaux de la préfecture , dans les départemens. La publication qui serait faite avant la délivrance du récépissé de la police , est punie d'une amende particulière, indépendante même de la criminalité de l'écrit.

Lorsque l'autorité juge à propos de faire saisir un livre dangereux à l'ordre public , la saisie , pour pouvoir atteindre tous les exemplaires , doit être faite après le dépôt., et avant la délivrance du récépissé.

L'opposition de l'auteur à la saisie venant à amener la discussion publique de la criminalité de l'écrit , l'on a dû agiter la question de savoir si l'on devait punir l'auteur de l'écrit déposé , comme si la publication eût été consommée.

La loi du 9 novembre 1815 décide l'affirmative; et les tribunaux ont constamment considéré le dépôt comme constituant une publication , et puni les auteurs comme si la publication se fût accomplie.

Depuis que les abus de la presse sont devenus

le patrimoine des tribunaux correctionnels , ce principe a été constamment appliqué par les magistrats. On peut affirmer qu'aucune décision contraire ne pourrait être rapportée. Par la plus étrange des bizareries , MM. Comte et Dunoyer , condamnés en 1817 , en vertu de cette doctrine , et sur les réquisitoires du ministère public, invoquent en 1818 , comme un principe tutélaire pour eux, celui qui est consacré par leur propre condamnation , et le ministère public repousse aujourd'hui la théorie que lui-même a fait triompher.

Ce principe , dont je ne puis ni ne dois ici examiner la justesse, se trouve reproduit dans le projet de loi sur la presse , présenté dans la dernière législature , et rejetté par la chambre des pairs. De nombreux adversaires se sont levés pour l'attaquer. Les ministres , les conseillers d'état , les députés qui votent avec eux, et tous les procureurs-généraux qui sont membres de la chambre, (1) défendirent ce principe , comme

_____

(1) M. Bellart , procureur-général de Paris , et député de la Seine ; M. Bourdeau , procureur-général de Rennes, et député de la Haute-Vienne ; M. de Courvoisier , procureur-général de Lyon , et député du Doubs; M. de Blanquart-Bailleul , procureur-général de Douay ; M. de Voysin-Gartempe , premier président de Metz. Voyez dans le moniteur, notamment la séance du 13 décembre 1817.

une incontestable vérité, comme un moyen nécessaire pour la conservation de l'ordre public.
La loi proposée fut rejettée, et laissa subsister
les dispositions de la loi de 1815, et la jurisprudence des tribunaux, qui déclare le dépôt
équivalant à la publication.

Si la publication constitue le délit, si le dépôt
constitue publication, le délit est donc commis
à l'instant où se fait la publication, c'est-à-dire
où s'exécute le dépôt.

C'est donc à Paris, dans l'espèce actuelle, que
se sont exécutés simultanément le dépôt, la
publication et le délit. Aux termes des art. 23
et 63, les tribunaux de Paris ont donc été compétens pour en connaître, dès l'instant même
qui a suivi l'exécution du délit, c'est-à-dire,
la publication, ou en d'autres termes, le dépôt.

Si le dépôt est constamment tenu pour publication, et par conséquent pour délit, toutes les
fois qu'il s'agit de la condamnation du prévenu ;
il est absurde que le prévenu ne puisse pas à
son tour invoquer le même principe, toutes les
fois qu'il doit y trouver sa sûreté. Il est impossible qu'un principe soit vrai contre le prévenu,
et devienne faux quand il veut s'en servir pour
la protection de sa personne.

Le tribunal de Paris étant une fois investi de

la compétence, par la disposition des lois actuelles,
peut-il en être dépouillé par des faits subséquens.
La raison ne peut admettre que le droit de jurisdiction , une fois fixé , puisse devenir ensuite
ambulatoire et passager, parcourir successivement
tous les tribunaux , sans s'arrêter sur aucun, et
accompagner le livre, partout où il plaira à
quelques agens intéressés de le transporter à
l'insçu de l'auteur. On ne peut pas supposer que
chacun des 361 procureurs du Roi du continent
français , sans compter ceux de nos établissemens
d'Amérique , puisse à son gré devenir compétent, quand cela lui fera plaisir , pour faire
juger successivement tous les écrivains de la
capitale : afin d'atteindre cet heureux résultat,
ils n'auraient, suivant la chambre du conseil , qu'à
écrire à Paris pour faire venir le livre , et le
faire ensuite arrêter à son arrivée par la diligence.
Ce principe, qui permettrait non seulement d'agir
d'office , mais encore de se créer d'office une
compétence, pourrait être fort commode pour le
zèle du ministère public, mais n'offrirait à coup
sûr aux écrivains que des sujets d'allarmes
perpétuelles , et aucune garantie d'impartialité.

Un délit est un fait : il est un par le temps ;
il est un par l'espace ; il ne peut se commettre
que dans un temps , et dans un lieu déterminé.
Un délit qui se renouvelerait , serait un délit

multiplié ; ce serait un délit éternel, un délit
universel : or, un fait perpétuel et universel,
commis par un individu, dans les temps où il
n'existe plus, dans les lieux où il ne paraîtra
jamais, n'est-ce pas là la plus monstrueuse conception d'une imagination déréglée.

Si l'on admet, avec l'article 637 du Code d'instruction criminelle, que les poursuites publiques
et privées, relatives à un délit, peuvent s'éteindre
par la prescription, il faut donc que l'époque où
le délit est commis soit fixée d'une manière invariable. Un délit pouvant se renouveler, la
prescription commencée la veille, serait effacée
par le renouvellement du lendemain ; et l'impossibilité de trouver l'instant où l'on pût placer
le commencement de la prescription, équivau-
drait, en d'autres termes, à l'impossibilité de
prescrire, c'est-à-dire, à la suppression de l'article 637 du code d'instruction criminelle, comme
à celle de l'article 69 du Code pénal.

On dirait que toutes les vérités législatives
semblent se réunir pour repousser l'erreur qu'on
veut introduire au milieu d'elles.

Si le sixième volume du Censeur Européen
avait été saisi par l'autorité à Paris, avant la
délivrance du récépissé, et sur le dépôt des cinq
exemplaires, certes, il ne serait point arrivé
d'exemplaires à Vitré, ni à Rennes, et le système

du renouvellement indéfini se trouverait alors un peu en défaut. Supposons que sur l'opposition à la saisie, le ministère public de Paris eût poursuivi l'auteur au tribunal correctionnel, en condamnation d'écrits séditieux; il n'est pas douteux que M. Béchu eût pu intervenir sur cette poursuite pour se plaindre incidemment en calomnie. L'auteur aurait-il pu alors repousser la poursuite de M. Béchu, par la supposition qu'il n'y aurait pas eu encore publication, et que le tribunal de Paris se serait trouvé incompétent.

Évidemment une pareille prétention n'eût pas fixé un seul moment les regards de la justice, et la compétence des tribunaux de Paris, pour juger l'action en calomnie de M. Béchu, eût semblé à tous les bons esprits une conséquence nécessaire de la compétence relative à l'action dirigée par le ministère public, pour fait de sédition.

Si le tribunal de Paris eût été bien incontestablement compétent par le seul fait du dépôt, *sans autre publication*, tout autre tribunal eût été incompétent : car il n'y a qu'un seul délit, un seul temps, un seul lieu, et par conséquent un seul juge.

Ainsi donc, la circonstance d'une distribution ultérieure n'est pas nécessaire pour caractériser le délit. De même qu'elle est superflue pour fixer la compétence , elle doit être impuissante pour changer celle qui a d'abord été déterminée.

La compétence d'un tribunal emporte nécessairement l'exclusion de tous les autres , qui ne sont pas positivement appelés. La compétence, qui après avoir été une fois conférée , pourrait être ensuite incessamment enlevée, ne serait plus un droit exclusif , ne serait plus une attribution légale : ce ne serait qu'une fantaisie variable, indigne de la gravité du législateur, et de la stabilité de ses commandemens.

Dans les lois actuelles, le dépôt est le préliminaire de la publication, ou pour mieux dire , une publication anticipée , une publication légale , suffisante pour entraîner la peine : s'il entraîne l'application de la peine, il constitue donc le véritable délit : il attribue donc la véritable compétence.

C'est une erreur capitale que de supposer, avec la chambre du conseil , qu'il s'opère une publication nouvelle , à chaque lieu où se répand l'écrit calomnieux ou séditieux. C'est comme si l'on supposait qu'il s'opère un vol nouveau, toutes les fois que le voleur change de place , ayant en sa possession l'objet volé , ou bien toutes les fois que l'objet volé change de place , sans le fait du voleur.

La publication est l'action de livrer un **écrit**

à la disposition du public : ainsi , dès lors que le public possède cet écrit , soit par la voie de la vente , soit par la voie de la distribution gratuite , si l'écrit n'est pas destiné à être vendu , l'écrit est publié , par conséquent il y a eu publication. Le mal qui était à faire est consommé.

Qu'importe après cela que les exemplaires ainsi livrés au public , par l'achat en bloc qu'en font des marchands en détail , soient ensuite transférés par ceux-ci à des chalands ? Ces exemplaires , une fois publiés par la livraison aux marchands , sont-ils ensuite publiés une seconde fois par leur transmission à des tiers acquéreurs ? Non. Cela serait absurde. Pour qu'il y eût seconde publication , il faudrait que l'ouvrage fût redevenu miraculeusement secret depuis la première publication. On ne peut pas rendre public ce qui est déjà public : c'est une conséquence, et non un renouvellement de la première publication : ainsi la transmission de l'objet volé , faite par le voleur à un tiers , ne crée pas un nouveau vol , mais est une suite du premier.

La circonstance que l'écrit serait argué de calomnie , au lieu d'être argué de sédition , ne peut rien changer à la nature des choses , et par conséquent ne peut pas faire que ce qui est publié n'ait pas été publié , que ce qui est publié puisse être encore publié : ou , en d'autres termes,

parce qu'il s'agit d'une calomnie réelle ou prétendue, doit-on condamner le législateur à l'absurdité de déclarer que ce qui est n'existe pas, et
que la vérité est le mensonge?

Mais que parlé-je du législateur?

S'est-il expliqué sur ce point? A-t-il dérogé
aux textes les plus précis du droit commun,
aux principes éternels de la raison et de la vérité?
Non, Messieurs, aucune exception de ce genre
ne vous sera presentée; et cependant, quand les
règles générales sont précises et formelles, tout
ce qu'il y a de traditions respectées veulent que
les exceptions soient précises aussi. Qu'on me
montre les textes qui contiennent ces exceptions,
et je consens à me taire. Mais jusqu'à ce que
ces textes soient produits, je serai fondé à repousser, comme une doctrine téméraire, celle
qui tend à introduire pour les délits de calomnie
un droit singulier, qui choque également la raison
naturelle et les tables de la loi écrite.

Mais, d'ailleurs, qu'a donc cette accusation
de si favorable, qu'on doive renverser pour elle
toutes les maximes tutélaires que les temps ont
consacrées?

A entendre certains hommes qui crient toujours
à la calomnie, parce qu'ils craignent trop la médisance, il semble que tout plaignant en calomnie soit, par le seul fait de cette plainte, un

homme nécessairement estimable. Il semble qu'il
devient à l'instant même un être consacré, dont
le succès ne puisse jamais coûter trop cher à la
société; on dirait presque qu'un citoyen accusé
de calomnie, est par cela même mis hors de
la protection de la loi commune.

Pourtant, Messieurs, que d'imputations punies
par les lois, et consacrées par la raison publique?
S'il y a de justes plaintes en calomnie, n'y en
a-t-il pas d'injustes et de mal fondées? Combien de vérités historiques n'ont pas pour elles la
preuve légale? Que d'impudens accusateurs ont
osé se dire calomniés par l'imputation de faits
qu'ils ne déniaient pas? Que de misérables ont
trafiqué de leurs plaintes chimériques, au gré
d'un parti, et mis leur honneur à prix d'argent?

Telles que sont nos lois, sachons leur obéir et les
respecter; toutefois, avant d'attacher une sorte de
faveur au titre de plaignant en calomnie, sachez
bien que de grands scélérats pourraient aujour-
d'hui intenter l'action en calomnie avec certitude de succès.

Oui, Messieurs, TRESTAILLON lui-même, ce
monstre teint du sang des protestans de Nîmes,
pourrait, s'il le voulait, le code pénal à la
main, sur les cendres de ses victimes, demander
à leurs orphelins et à leurs veuves, des dommages-intérêts pour réparation de calomnie. Il

n'y a pas de preuve légale de ces attentats qui
ont effrayé l'univers.

Ainsi donc, qu'on cesse d'appeler l'intérêt
sur la tête des plaignans en calomnie, tandis
que jusqu'à condamnation, tout l'intérêt, toute
la faveur, toute la protection de la loi, appartiennent uniquement au prévenu.

Qu'on cesse de vouloir créer, en faveur
de ces sortes de plaintes, un droit spécial, des
principes nouveaux, destructifs de la règle commune : qu'on relègue dans la classe des sophismes
judiciaires, cette criminalité ambulante qui commence à chaque instant, et ne finit jamais, qui
est partout, et qui n'est nulle part, qui confère
la compétence à tous les juges, et ne la laisse
à personne; confusion la plus propre à mettre
l'accusé à la merci de l'accusateur, et à renverser de fond en comble l'ordre légitime des
jurisdictions.

Quelquefois, au milieu de cette anarchie judiciaire, il pourra bien arriver qu'un honnête homme comme M. Béchu le président, n'abuse pas du droit que
lui donne la chambre du conseil de promener partout la compétence, jusqu'à ce qu'il puisse la placer
à son gré, et selon ses convenances : mais le
droit une fois reconnu, tremblez que les hommes
les plus méprisables ne s'en emparent au moyen
d'une plainte en calomnie : car qui ne peut

pas être calomnié ? avec cette arme redoutable, ils pourront semer de tourmens l'existence des gens de bien, en les faisant traîner par des gendarmes ou des huissiers, du Rhin jusques aux Pyrénées.

Vous aurez décidé aujourd'hui que le plaignant peut, en allant acheter le livre, et en le portant dans sa poche courir de ville en ville chercher des procureurs du Roi, qui veuillent recevoir tout-à-la-fois de sa main, le livre, la plainte, et la compétence. Demain, vous ne pourrez refuser au premier venu l'application de vos propres principes.

En effet, Messieurs, en admettant la théorie de la chambre du conseil, en supposant que l'arrivée à Rennes d'un ou de plusieurs volumes du Censeur suffit SEULE pour rendre compétens les juges de Rennes, il faut qu'on admette aussi que le même évènement, c'est-à-dire que l'arrivée du même volume dans toutes les autres villes de France et des colonies, a conféré aussi la jurisdiction au tribunal de chaque localité : ainsi en même temps que vous seriez devenus compétens, les tribunaux de Perpignan et de Strasbourg, de Marseille et de Dunkerque, de la Martinique et de Chandernagor, de Cayenne et du Sénégal, seront devenus compétens aussi bien que vous, pour le même fait, c'est-à-dire, pour la calomnie de M. Béchu, par l'effet ma-

gique de l'apparition invisible du fameux volume
sur le territoire de tous ces tribunaux. Si tout
le monde est compétent, personne n'est compétent. Vous ne tenez donc pas votre compétence
d'un fait légal, mais bien de la fantaisie de M.
Béchu, qui a mieux aimé le juge d'instruction
de Rennes que celui de Pondichery.

Une compétence qui, relative à un fait unique,
à la calomnie de M. Béchu, repose tout à la
fois également, au même titre, sur cinq à six
cents tribunaux différens; n'est-ce pas une monstruosité légale? Une compétence qui n'a d'autre
source que la fantaisie de l'accusateur, n'est-ce
pas une conception inhumaine?

Ainsi donc, il faut en revenir aux vrais principes de la matière, parce que la raison seule
est juste, et la justice seule est raisonnable. Dans
l'arbitraire, vous ne trouverez jamais que des in-
justices, des dangers et des absurdités.

Ces principes sont ceux qui sont posés par
des lois formelles, consacrés par la jurisprudence
et professés par la législature.

Le dépôt avant publication, équivaut à publication, et est puni comme publication, en matière d'écrits séditieux et d'écrits calomnieux.
C'est donc le lieu où se commet ce délit qui
doit être le lieu de la compétence, comme l'époque où il se commet fixe l'époque de la crimi-

nalité , et le commencement de la prescription.
Il n'y a qu'un seul dépôt , qu'un seul lieu ,
qu'un seul temps , qu'un seul délit, par conséquent qu'un seul juge. Aucune loi n'établit la
théorie des délits renouvelés : la raison la repousse, les tribunaux ne sauraient donc l'admettre.

Quelque grande que soit votre autorité , elle est
pourtant crirconscrite par les lois et par la raison ;
et ce serait un terrible excès de pouvoir , que de
créer des exceptions arbitraires à des maximes fondamentales.

Après de mauvaises lois , le plus grand fléau qui
puisse désoler la société humaine , c'est une mauvaise jurisprudence. Établie par des gens de bien
qui peuvent ne pas en pressentir les résultats , elle
survit à ses fondateurs, pour servir d'héritage à
l'ignorance , et d'instrument à l'iniquité.

Vous donnerez donc une nouvelle marque de
votre indépendance et de votre sagesse, en vous
soumettant noblement aux limites que la loi
prescrit à votre pouvoir. Vous êtes incom-
pétens , parce que vous n'avez en vous aucune
des trois circonstances qui donnent l'être à la
jurisdiction ; et vous rendrez hommage à la compétence des juges de Paris , qui étant à la fois
les juges du domicile , ceux de l'arrestation et
ceux du délit , réunissent en eux les trois titres
sur lesquels se fonde le droit de prononcer.

Il ne me reste plus qu'à détruire , par avance , quelques objections, dont les fauteurs officiels de la compétence universelle ne manquent jamais de s'entourer.

Tout le monde convient de la compétence absolue du juge du lieu du dépôt, pour les cris séditieux : on ne veut appliquer qu'aux écrits présumés calomnieux la perpétuité et l'universalité de la jurisdiction.

Mais d'abord , aucune loi n'établit cette distinction entre les écrits calomnieux, et les écrits séditieux : il n'existe sur ce point que des principes généraux communs aux deux classes d'écrits , et qu'aucune exception ne modifie. Le magistrat ne peut pas créer des distinctions.

Impossible de refuter les exemples. J'ignore si l'on m'en oppose. Je n'en connais aucun de contraire à la doctrine que je professe en cet instant. Je ne sache même pas que la question ait jamais été élévée, avant que le ministère public de Rennes eût saisi le tribunal de ce singulier procès.

Quant à l'ancienne jurisprudence , elle ne peut offrir aucune espèce d'application à la cause actuelle. Les formes adoptées avant la révolution pour régulariser l'impression et la publication des écrits étaient tellement différentes des formes actuelles, qu'il est impossible de tirer de quelques décisions anciennes, aucun argument ni pour, ni contre la théorie dont il s'agit en ce moment.

Qu'on ne vienne point invoquer dans cette cause le texte de la loi sur la presse, présentée par le gouvernement, et rejettée par la chambre des pairs, dans la session dernière. Pour frapper d'avance cette argumentation, si elle pouvait être présentée, il suffira de quelques remarques bien simples.

D'abord, cette loi n'était point explicative du droit existant, mais introductive d'un droit nouveau. Je défie en effet qu'antérieurement à ce texte, on puisse représenter aucune loi, aucune décision judiciaire qui ait admis ou supposé le principe qu'on voulait établir, de la compétence du juge du calomnié pour punir le calomniateur. On aura beau à cet égard affirmer le contraire : il est impossible qu'on rapporte un exemple survenu depuis nos lois nouvelles, qui puisse justifier cette assertion.

Ainsi tenons pour certain qu'aucune pratique du genre de celle dont on suppose l'existence n'avait jamais été connue, et que si une erreur législative, aussi grave que celle de la compétence universelle et perpetuelle, avait pu trouver par surprise accès dans nos codes immortels, elle aurait eu pour source unique le projet de loi que la législature a eu la sagesse de proscrire.

Maintenant, qu'on se livre, si l'on veut, à des réflexions plus ou moins touchantes en faveur du calomnié; qu'on déplore tant qu'on voudra le malheur qu'il aurait d'être obligé de plaider loin de son domicile.

A cela je ne répondrai qu'un seul mot. Quand ces plaintes ne seraient pas exagérées, peut-être seraient-elles un motif pour déterminer un changement dans nos lois; mais le rejet de la loi dont il s'agit, qui avait pour objet d'introduire ce changement, nous laisse sous l'empire de la législation ordinaire. Le droit commun est constant : l'exception qu'on voulait y apporter n'a pas d'existence légale : il faut donc s'en tenir au droit commun lui-même, et laisser de côté une exception dont l'existence avortée a été proscrite souverainement par l'autorité législative.

Mais qu'ai-je besoin de combattre ce projet toujours cité par les écrivains qui veulent accréditer la compétence universelle et perpétuelle? Faut-il donc tant d'efforts pour prouver qu'une loi qui n'existe pas, n'est pas une loi? Ainsi donc, laissons les opinions émises au sujet de cette loi avortée; elles n'ont d'autre autorité que la raison qui peut les caractériser, et les preuves dont leurs argumens peuvent être accompagnés.

Il y a plus : quand le texte de ce projet eut

été adopté par les deux chambres, et sanctionné par le Roi ; quand il serait loi de l'Etat ; quand bien même l'étrange faveur dont on voulait environner les plaintes en calomnie aurait été consacrée, l'incompétence du tribunal de Rennes n'en serait pas moins incontestable.

L'art. 23 du projet pose solennellement le principe que j'ai déjà développé ; que dans l'état actuel de nos lois qui déclarent le dépôt, publication et délit, le lieu du dépôt est celui de la compétence.

L'art. 22 fait une exception à ce principe général, pour les plaintes en calomnie, et les attribue au tribunal de la partie plaignante. Or, Rennes n'est point le domicile de M. Béchu :votre incompétence serait donc incontestable ; même dans le système de la loi projetée.

Ainsi, sous tous les rapports, soit aux termes des principes généraux que nous reconnaissons tous, soit en admettant l'autorité d'une loi qui n'a d'existence que dans l'imagination de ceux qui en argumentent, la procédure actuelle ne peut se soutenir ; elle est contraire à la raison commune ; elle viole la charte ; elle contrevient aux dispositions prohibitives du Code pénal.

Maintenant, si vous laissez de côté, et l'énergie des principes généraux, et le silence absolu de nos lois sur l'exception qu'on y veut forcément introduire, ne perdez pas de vue les conséquences immédiates du principe qu'on veut vous faire consacrer en faveur de la compétence universelle; songez aussi aux résultats nécessaires de la réso-lution que vous allez prendre, dans les circons-tances où nous nous présentons devant vous.

Dans nos lois modernes, la liberté de la presse est au nombre des droits politiques les plus chers aux Français; elle est le ressort du gouvernement représentatif, puisque seule elle peut exprimer l'opinion qui doit en être le régulateur et l'appui : interprète toujours fidèle, parce que la crainte et l'intérêt ne lui prescrivent point son langage ; interprète exact, parce que chaque jour rectifie ses erreurs, et complète ses documens ; interprète nécessaire au peuple dont elle garantit les droits, et nécessaire surtout au monarque dont elle éclaire la sagesse : sans elle, isolé au milieu de son palais, il ne connaîtrait des vérités publiques, que ce que des ministres intéressés voudraient laisser pénétrer jusqu'à lui, et n'entendant point les gémissemens du peuple, il ne pourrait ni satisfaire ses vœux, ni soulager sa douleur.

Les écrivains qui se consacrent au périlleux apostolat des vérités politiques, sont, comme tous les sujets fidèles, appelés à servir toujours, même par leurs erreurs, et à déplaire quelquefois, par leur talent même, et surtout par leur énergie et leur loyauté.

C'est aux magistrats à faire que le malheur
de déplaire soit un inconvénient et non pas un
obstacle.

Censeur importun pour des oreilles accoutumées à des éloges, l'écrivain encourra souvent
la disgrace des ministres dont il censurera les
actes avec plus ou moins de justice ou de partialité.

S'il se trouve quelquefois des ministres acces-
sibles au désir des petites vengeances, et pressés
par le besoin de se débarrasser à tout prix du
bourdonnement importun de la critique; (et
l'histoire nous apprend qu'il peut en exister)
songez, Messieurs, quel parti redoutable de tels
hommes pourraient tirer d'un faux principe que
vous auriez imprudemment accueilli. Avec le
dogme de la compétence universelle et perpétuelle, des hommes habiles et pervers auraient
bientôt détruit la liberté de la presse, et obtenu
le silence de la pensée, qui n'est pas le repos du
bonheur, mais la paix des tombeaux.

Le ministère public est indépendant, sans doute,
par le courage et le désintéressement de la plupart des magistrats qui en sont investis; mais
ces magistrats n'ont pas l'indépendance légale.
Révocables à volonté, agens nécessaires du pouvoir, ils sont tenus d'exécuter les ordres qu'ils
reçoivent, et la destitution est pour eux à côté
de la désobéissance, comme pour rendre plus

noble et plus pur leur dévouement à leur devoir.

Si vous admettez la compétence universelle et perpétuelle, et le renouvellement indéfini des délits de la presse, le ministère qui voudrait perdre un ou plusieurs écrivains, pourrait donc choisir les plus dociles des procureurs du Roi du royaume ou des colonies, et leur prescrire des poursuites contre tel écrivain de Paris, qui serait fatiguant par ses talens.

Sans doute, les juges, indépendans qu'ils sont par leur caractère et par la loi, ne consacreront pas par des condamnations les poursuites ministérielles ; mais pour peu que la pratique de l'arrestation préliminaire continue de prévaloir sur la justice et l'humanité, un tardif élargissement empêchera-t-il qu'un nombre plus ou moins considérable d'écrivains ait été transporté de cachots en cachots, du sein de la capitale, jusqu'aux départemens frontières, et même jusqu'au fond des colonies, pour satisfaire la vengeance ou la haine d'un ministre en crédit.

Le juge ne peut qu'acquitter un innocent ; il ne peut empêcher ni les poursuites ministérielles, ni l'emprisonnement préliminaire, ni les translations du nord au midi, de l'orient à l'occident.

Après un acquittement obtenu dans les tribunanx d'Europe, qui garantira les écrivains que quelque passage inapperçu ne fournira pas à

quelque procureur du Roi de l'île Bourbon, un
prétexte pour de nouvelles poursuites, de nouveaux emprisonnemens, des translations nouvelles?

Ainsi, au moyen de cette compétence universelle et perpétuelle, au lieu de faire un 18 fructidor sur des écrivains incommodes, le même
principe qui conduit M. Dunoyer dans les prisons
de Rennes, conduira trente autres écrivains dans
les déserts pestilentiels de Synamari. Au lieu
d'avoir besoin de la majorité de la législature
pour porter une loi de banissement, il suffira
d'un procureur du Roi à Cayenne avec un juge
d'instruction. Un mandat d'amener fera l'office
de loi, pour débarasser le continent Européen
des hommes dont la présence peut déplaire.

Vous souvient-il, Messieurs, de ce système des
évocations arbitraires, et des lettres d'attribution,
contre lesquelles nos pères ont tant réclamé.
Les cahiers des doléances des états généraux (1) ont
long-temps sollicité l'abolition de ce funeste
usage où était l'autorité souveraine de troubler à
son gré l'ordre des juridictions, d'enlever à des
gens qu'on voulait perdre la protection de leurs

_____

(1) Voyez les états généraux tenus à Tours en 1483. Récla-
mations des états contre les commissions extraordinaires.
Réponse du Roi. Comines, chapitre 18, livre 5.

juges naturels, pour les envoyer au loin devant des juges que la haine désignait à l'innocence. Ainsi, poursuivi par un ministre perfide, dont les mains étaient armées du pouvoir redoutable des évocations, et des lettres d'attribution, le célèbre La Chalotais, l'honneur de la Bretagne et de la France, enlevé à ses juges naturels, portait de province en province son innocence et ses fers, et expiait dans des cachots lointains son patriotisme et sa vertu.

Magistrats, le système de la compétence universelle que le ministère peut à son gré par ses agens fixer, enlever ou donner, est-ce autre chose que la théorie des évocations arbitraires, et des lettres d'attribution indéfinie.

Amis des lois, protecteurs naturels de l'ordre, craignez de consacrer des maximes qui adoptées pas d'autres juges, sur la foi due à votre sagesse, consacrées par le temps, formeraient bientôt un ensemble redoutable d'abus, par lequel la sécurité individuelle serait infailliblement étouffée.

A ces motifs généraux d'une utilité permanente, j'ajouterai que la déclaration de votre incompétence ne peut nuire à personne, tandis que la décision contraire peut avoir les plus fâcheux inconvéniens, et pour le prévenu, et pour l'accusateur lui-même, et surtout pour la tranquillité des esprits dans cette province.

D'abord, si vous repoussez la jurisdiction dont on veut vous investir, quel inconvénient peut-il en résulter pour M. Béchu? Il sera, dit-on, obligé d'aller plaider à Paris pour obtenir la réparation de la calomnie dont il se plaint : cela est vrai ; mais quel est le mal qui peut résulter de cette nécessité ?

Est-ce de plaider devant un tribunal étranger ? Mais le tribunal de Rennes est tout aussi étranger pour lui que celui de Paris ou de Marseille ?

Est-ce de se transporter à une longue distance ? Mais sa qualité de plaignant ne l'oblige pas de se présenter en personne, puisqu'il n'assiste pas même à la présente audience. Le ministère public, à Paris, aussi bien qu'à Rennes, soignera les intérêts de l'honneur de M. Béchu, et son avoué l'intérêt de sa bourse (1).

M. Béchu pourrait-il enfin se plaindre, avec les journaux, de la nécessité de faire transporter ses témoins de son domicile de Vitré à Paris ; mais plus savant que certains journalistes, le président de Vitré ne doit pas ignorer qu'en matière de calomnie, le plaignant n'a aucune preuve à faire,

(1) M. Béchu dans sa plainte lue à l'audience par M. le procureur du Roi, s'est réservé le droit de se porter partie civile, ainsi, et quand il avisera ; il peut donc, en tout état de cause, requérir des dommages-intérêts.

que c'est au prévenu à tout prouver par des pièces
dont la nature et le caractère sont déterminés par
la loi.

Veut-il une justification locale ? Mais ne peut-
il pas obtenir l'impression et l'affiche de plusieurs.
milliers d'exemplaires ? N'est-il pas naturel que
la justification parte du même point , et se propage par les mêmes moyens que l'accusation ?

M. Béchu du moins ne sera point surpris nuitam-
ment dans son domicile, enlevé à sa famille , à sa
fortune , à ses travaux , et transporté à cent lieues
de distance , au fond d'une prison. Du moins ,
pendant que les juges de Paris seront saisis de
sa plainte , et que le ministère public poursuivra
avec activité la vengeance de la magistrature
offensée dans sa personne , (1) lui du moins ,
tranquille à Vitré , fera jouir ses justiciables de
ses lumières et de son impartialité.

Quel préjudice peut-il donc alléguer ? Aucun ;
à moins que ce ne soit pour lui un grand inconvénient que l'observation des lois , et l'ordre
des jurisdictions. Quelque soit le zèle de M. le
procureur du Roi de Rennes dans la cause actuelle , M. Béchu peut espérer que les devoirs

_____

(1) M. Béchu prétend dans sa plainte que la magistrature
tout entière est offensée par la calomnie , ou la médisance
dirigée contre lui.

du ministère public ne seront point négligés non
plus par les autres procureurs du Roi du royaume,
et que toutes les mesures légales propres à assurer sa vengeance seront exécutées par eux sans
négligence et sans tiédeur. J'en excepte pourtant
l'arrestation préliminaire pour laquelle peut-être
tous les magistrats français ne croiraient point
devoir abandonner les vieilles doctrines de l'humanité.

Disons mieux : espérons que dans l'utile inter-
valle qui séparerait votre jugement d'incompétence, des nouvelles poursuites de M. Béchu, ce
magistrat réfléchirait plus mûrement sur les inconvéniens du système qu'on lui a suggéré.

M. Béchu est délicat sur l'honneur : il doit
l'être, puisqu'il est français, et qu'il rend la justice
au nom du Souverain : il tient à l'estime publique,
il doit le faire : c'est le plus bel apanage et la
plus noble récompense des veilles du magistrat.
Toutefois, puisque sa susceptibilité s'offense
par la révélation de quelques faits incomplètement
racontés, et dépouillés de réflexions et de censure,
puisqu'il provoque des explications et des preuves,
qu'il craigne le résultat de ces provocations.

Si M. Béchu est présent dans cette enceinte,
qu'il soit attentif : s'il est absent, que ma voix
retentisse jusqu'au fonds de sa retraite.

Si sa conscience est sans reproche, si dans les

temps qui ne sont plus, la balance de la justice
fut toujours entre ses mains ferme et égale, si
ses jugemens et ses réquisitoires sont empreints
de cette sagesse dont on peut s'honorer dans
les temps calmes ; fort de son caractère, fort
de l'estime de ses justiciables il eût laissé à
leur voix impartiale le soin de sa justification, il eût dédaigné les clameurs de l'im-
posture, et ne serait pas allé solliciter à grand
bruit de l'argent (1) et la vengeance. Le véritable honneur est calme et fier ; il dédaigne les
réparations civiles, et n'a pas besoin des efforts
de la partie publique pour se conserver.

Mais si ce magistrat avait quelques reproches
à se faire, s'il n'avait pas toujours été calme dans
les temps d'orage, si dans l'exercice de ses fonctions, il avait pu conserver quelque souvenir des
affections et des dénominations de parti, je le lui
déclare avec franchise : qu'il redoute le jour des explications : les dépôts du greffe de sa jurisdiction
seront compulsés, et j'en aurai le droit incontestable. Les actes de son autorité soumis à une critique
sévère, passeront sous les yeux des magistrats et
du public, afin que le reproche de partialité dont
se plaint M. Béchu, soit apprécié avec connais-

_____

(1) Voyez la plainte de M. Béchu.

sance de cause , et qu'un gouvernement ennemi
des réactions , soit à son tour informé des détails
de ce grand démêlé.

Qui sait jusqu'à quel point le plaignant pourra
s'applaudir d'avoir appelé les lumières et provoqué la discussion que nous voulons éviter.
Quelles qu'en soient les suites , que M. Béchu ne
les impute qu'à lui-même ; ou plutôt qu'il ne
les impute qu'à ces instigateurs obscurs , qu'à
ces artisans de scandale , qui pour satisfaire leurs
passions haineuses, de gaité de cœur , le préci-
pitent dans des dangers qui ne doivent pas les
atteindre , et le poussent vers un abîme d'où ils
ne pourront pas l'arracher. Que M. Béchu retienne
la parole du Prophète : *Erudimini qui judicatis*
terram , nam quo judicio judicaveritis , judica-
bimini.

Quant au prévenu , qui s'est efforcé par
tous les moyens que la loi lui donne d'épargner
à ce magistrat les affligeans développemens dont
la défense fera pourtant tôt ou tard un devoir
et un droit, quant au prévenu qui a rapporté
sans amertume et sans critique des faits ,
encore fort adoucis dans leurs détails , aucun reproche sur les conséquences de ces débats
ne pourra lui être adressé avec quelque justice.

Et vous , Magistrats, vous gardiens de la paix
publique , et protecteurs de la tranquillité du
pays , cette exception d'incompétence , peut être

pour vous un moyen de remplir ce devoir paternel, qui consiste à prévenir pour n'avoir pas à punir ; car ici, par une admirable bonté de la providence, ce qu'il y a plus légal est aussi le plus utile, et le plus prudent.

Pourquoi craindrais-je de répéter ici publiquement ce qui se dit chaque jour en cent endroits de cette cité populeuse ? La vérité cesse-t-elle d'être la vérité, parce qu'on n'ose pas l'exprimer ?

On voudrait vainement se le dissimuler : les débats de ce procès ne peuvent que donner aux esprits une agitation dangereuse, et jeter des élémens de fermentation et de discorde, dans un pays naguères tourmenté par les guerres civiles, et où l'on remarque encore tant de passions qui peuvent devenir incandescentes.

Lorsque depuis la bienfaisante ordonnance du 5 septembre, le besoin de l'union et de l'oubli se fait enfin sentir, lorsque les souvenirs amers et les ressentimens commençaient à se calmer, pourquoi faut-il qu'on nous force à entretenir le public, des déportemens de quelques hommes qui doivent désirer qu'on oublie leur titre politique et leurs déplorables exploits ? Pourquoi faut-il qu'on s'obstine à exiger que dans ce département même, dans la capitale de la Bretagne, on examine si dans certaines localités la balance de la justice n'a jamais penché en faveur des partis ?

Daignez me croire, Messieurs; on n'éteint pas un incendie en y jettant des matières combustibles; on ne termine point une révolution en ranimant sans cesse les ressentimens. Ce reproche ne sera point encouru par le prévenu, qui content d'adresser au plaignant un avis rapide et modéré sur la fausse route où l'engagent ses souvenirs, n'y a joint ni réflexions ni preuves, et a isolé cet avertissement charitable de toute espèce de détails qui auraient pu en faire une accusation grave pour le président de Vitré. Mais appeler les preuves sur l'existence de tel ou tel parti, sur la faveur illégale dont on a pu l'environner : mais choisir pour théâtre de ces débats, les lieux où sont empreintes les traces des factions, et pour témoins, les hommes qui en ont été les instrumens ou les victimes; c'est là, qu'est à mon avis, non le danger, mais le malheur et l'imprudence. C'est un déplorable moyen de rétablir l'union et la concorde, que de commander sans cesse des développemens solennels, des preuves, des discussions, des enquêtes sur les faits qu'il faudrait oublier.

Si les prévenus insistent pour éloigner le procès de cette province, ce n'est pas pour éviter un jugement: c'est pour le subir dans des lieux où les preuves et les discussions qui deviendront nécessaires,

n'auront à resusciter ni ressentimens, ni récri-
minations.

Telles sont les circonstances de ce déplorable procès, telle a été la rigueur inouie avec laquelle on l'a
commencé, que la faveur publique devait natu-
rellement se manifester pour la personne du prévenu qui paraissait dans ce pays avec la physionomie
de l'opprimé ; d'ailleurs, il était précédé par une
de ces réputations propres à émouvoir de grandes
et fortes affections. Quelles qu'aient été les mesures arbitraires employées pour contenir, par
la terreur, cet élan de la générosité bretonne,
toutefois, cette foule distinguée qui remplit cette
enceinte, cette inquiète sollicitude qui règne au
dehors de votre audience, cette industrieuse persévérance qui a bravé l'aspect hideux des prisons,
pour entourer le prévenu de consolations et d'espé-
rances ; ce respect affectueux qui lui sert d'escorte
depuis sa prison jusqu'aux pieds du tribunal : n'est-
ce pas là le signe le moins équivoque qu'aux yeux
des habitans de Rennes, cette cause est une de
celles au succès de laquelle peuvent se rattacher
des passions politiques.

Si cet intérêt si actif et si général, si cette
fermentation si remarquable, s'attachent à la discussion d'une aride question de droit, croyez-vous
que l'exposé des actes d'impartialité de M. Béchu
puisse s'adresser à des cœurs froids, et à des
têtes bien tranquilles.

Sans doute, je suis loin d'annoncer aucun désordre; cette idée ne sera jamais la mienne; car le caractère breton se compose autant de l'amour de l'ordre et de la soumission aux lois, que de la haine pour l'oppression, et d'un amour énergique de l'indépendance.

Toutefois n'oublions pas que le premier pas vers la concorde, doit être l'oubli du passé : l'oubli seul peut réunir les cœurs, et l'union des cœurs garantit la tranquillité, mieux que l'appareil d'une force imposante.

Magistrats Bretons, vous êtes appelés à donner un grand exemple : les premiers entre la magistrature française, vous avez à consacrer, par une éclatante décision, votre respect pour l'ordre tutélaire des jurisdictions ; vous avez à protéger la littérature contre ce servage humiliant, auquel on prétend la ravaler : heureux, en remplissant cette double mission, d'éloigner des citoyens de cette capitale et les amers souvenirs, et les ressentimens ennemis de la paix. Ainsi, la sagesse du politique applaudira à votre décision ; et le jurisconsulte la consacrera dans ses annales, comme un monument d'indépendance et de vérité.

MÉRILHOU, *Avocat.*

CONSULTATION.

~~~~~~~~~~~~~~~~~

LE CONSEIL SOUSSIGNÉ, consulté en point de droit sur la question de savoir quel est, pour les délits de la presse, le Tribunal compétent pour juger l'auteur de l'écrit ;

Et spécialement, quel est le Tribunal DU LIEU DU DÉLIT ;

EST D'AVIS :

Que l'auteur ne peut être jugé que par l'un des trois Tribunaux suivans : celui de *son domicile*, celui du lieu où il *peut être trouvé*, celui du *lieu du délit* ;

Que le lieu du délit est celui où l'écrit a été *publié*, et que la *publication* est consommée par la première vente ou distribution qui est faite de l'ouvrage ;

Que si cet ouvrage est imprimé, le lieu de la publication est réputé être celui du domicile de l'éditeur, indiqué sur le titre ;

Qu'enfin, dans l'état actuel de la jurisprudence, si l'autorité a reçu le *dépôt* des premiers exemplaires, conformément à l'article 14 de la Loi du 21 octobre 1814, le lieu de ce dépôt est celui de la *publication légale*.

Le juge *naturel* de celui qu'on cite en justice,

est le juge de son domicile ; c'est la règle générale , il faut une loi pour y déroger.

La Loi permet encore de porter l'action pénale
devant le Tribunal *du lieu du délit*, ou devant le
Tribunal dans le ressort duquel le prévenu *peut
être trouvé*. Ce sont des exceptions ; les étendre ,
ce serait porter atteinte à ces dispositions précieuses de la Charte , qui garantissent à tout Français
le droit de n'être traduit que devant ses juges
naturels ; ce serait violer la maxime qui résout
en faveur de celui qu'on accuse tous les doutes
que peut présenter la loi.

A quoi donc se réduit, dans les purs termes de
cette Loi, la triple compétence qu'elle donne sur
le délit, si ce n'est à reconnaître dans trois tribunaux , seulement, le droit de le juger , sans qu'il
soit possible d'en supposer un plus grand nombre ,
simultanément compétens ?

1.° Le juge *du domicile*.

Il n'y en a qu'un , parce qu'on ne peut avoir
qu'un domicile.

2.° Le juge du lieu où le prévenu est *capturé*.

Il n'y en a qu'un, parce que le même individu
ne peut être trouvé dans deux endroits à la fois.

3.° Enfin, le juge du *lieu du délit*.

Il n'y en a qu'un , s'il n'y a qu'un seul fait à
punir, si l'on ne veut prononcer qu'un jugement ,
si l'on ne veut appliquer qu'une peine.

La Loi ne suppose jamais qu'un seul juge DU LIEU du délit; trois fois elle le répète, art. 23, 63 et 69 du Code d'instruction criminelle.

Ainsi, dès qu'on aura pu qualifier légalement un Tribunal juge *du lieu du délit*, on aura consommé l'application de la loi, et dès lors aucun autre Tribunal ne pourra juger au même titre.

La compétence est d'ordre public; elle ne peut s'étendre, ni changer arbitrairement de place.

Ce n'est qu'autant qu'on se renferme strictement dans le cercle tracé par la Loi, que l'accusé ne peut se plaindre qu'on le distrait de ses juges, qu'on choisit contre lui une commission, et qu'on lui fait supporter des rigueurs illégales.

Il ne s'agit donc que de savoir dans quel lieu commence à naître le droit de poursuivre le délit; pour connaître quel Tribunal a pu être le premier saisi de l'action pénale.

Or, l'action naît, le délit est PERPÉTRÉ à l'instant où le fait imputé a cessé d'être une simple *tentative*. Dès cet instant, ce délit, si l'on peut ainsi parler, est irrévocablement acquis à la vindicte publique. Que le délinquant persiste ou qu'il se repente, qu'il répare ou qu'il aggrave sa faute, la loi ne cesse pas de voir le même délit; si elle parle de circonstances aggravantes ou atténuantes, ce n'est que pour les rattacher à un fait principal et déjà accompli; mais le délit lui-même, c'est-à-dire, l'acte moral qui provoque la peine, n'est plus qu'un fait passé.

Sans doute, les conséquences d'un délit pèsent toutes sur le délinquant, parce que la Loi civile le rend responsable des dommages causés par son fait. Mais ces conséquences ne sont pas son délit, et la Loi criminelle ne le punit que pour l'acte où sa propre volonté a concouru à sa propre action.

Quand donc a eu lieu cette réunion dans le même individu, et au même instant, d'une volonté coupable et d'un acte nuisible? (L'intention ne fait pas le délit, et il n'y pas de délit sans intention) Où donc s'est manifesté dans le coupable ce rapport intime de volonté et d'action? Car c'est là seulement que le délit a été consommé. Qu'importe que ses effets se perpétuent? Qu'importe jusqu'où s'étendront ses ravages?

Appliquant ces principes aux délits de la presse, il est manifeste que c'est la publication de l'ouvrage qui consomme le délit de l'auteur; ainsi le délit de calomnie est consommé sans retour dans le lieu où un auteur a publié l'ouvrage calomnieux.

Peut-on alors se méprendre sur le lieu de cette publication, quand l'ouvrage porte le nom de l'éditeur chargé de le rendre public? N'y a-t-il pas une certitude complète et légale sur le temps et sur le lieu de cette publication, quand l'auto-

rité elle-même a reçu le dépôt des premiers exemplaires, et que ce dépôt autorise les poursuites et
fait commencer la prescription ? (1)

Or, la disposition de la Loi qui admet la prescription en matière de calomnie et qui détermine
le point d'où part cette prescription, serait incon-
ciliable avec l'idée que le délit de calomnie se
renouvelle partout où se répand l'écrit calomnieux.

Dire que la *circulation* de l'ouvrage renouvelle
le délit, c'est soutenir que la circulation renouvelle
la *publication* ; tandis qu'elle ne fait que propager
l'ouvrage publié ; c'est dire qu'on peut rendre
public ce qui l'est déjà, qu'on peut redonner ce

---

(1) Depuis que la censure a cessé d'exister, les Tribunaux ont constamment jugé que d'après la Loi du 21 octobre
1814, combinée avec celles du 21 février 1817 et du 9
novembre 1815, le *dépôt* est une publication légale, suffisante
pour autoriser les poursuites contre l'auteur. Le ministère
a constamment agi d'après cette doctrine, et l'a soutenue
dans le cours de la dernière session. C'est incontestablement
l'état actuel de la jurisprudence. On citera seulement deux
exemples : le jugement rendu contre le sieur Brissot-Thivars,
auteur du *rappel des bannis ;* les cinq exemplaires *déposés*
ont été les seuls entièrement imprimés, il n'en a été livré,
ni achevé aucun autre. Les sieurs Comte et Dunoyer offrent
le second exemple. Il est naturel d'invoquer en leur faveur
une doctrine sans laquelle ils n'eussent pu être condamnés. (*Note de l'éditeur*)

qu'on a déjà donné ; c'est confondre la cause avec l'effet, et le délit avec ses conséquences.

Dans ce système, on pourrait voir le même auteur frappé, le même jour et à raison du même délit, d'autant de réquisitoires et de mandats d'amener qu'il y aurait d'arrondissemens où son ouvrage aurait circulé.

Au milieu de ce conflit de poursuites incalculables , on ne retrouverait plus le principe conservateur de l'unité de la compétence ; on chercherait même envain un motif quelconque pour concentrer les poursuites dans tel Tribunal plutôt que dans tel autre , puisque tous auraient les mêmes droits de juger le délit.

Une compétence arbitraire, et susceptible de se multiplier à l'infini , serait donc mise à la place de la compétence légale , qu'aucun magistrat ne peut s'attribuer de son chef. C'est l'anarchie la plus complète introduite au sein même de l'administration de la justice ! Et quel sera le terme de ce désordre, si le Juge Instructeur ou le Procureur du Roi de chaque arrondissement peut à son gré saisir son Tribunal de la poursuite du délit de calomnie; si la partie civile peut saisir tel Tribunal qu'il lui plaira de choisir ?

La raison seule repoussait un pareil système; la Loi l'a proscrit.

La Loi, en punissant dans un auteur une

publication dangereuse, ne s'attache point au plus ou moins de publicité de l'ouvrage, pour multiplier le délit. Elle ne veut punir qu'un fait unique, qui s'est accompli là où la communication a commencé de s'établir entre le public et l'auteur.

La Loi connaît la *récidive*, elle ne connaît pas la *réperpétration* des délits.

Ainsi, dans le vrai sens de la Loi, la calomnie verbale ou écrite s'est consommée là où le calomniateur a parlé, là où il a montré publiquement son écrit. Son délit ne se multiplie pas dans les cent lieux où cent autres bouches auront redit la calomnie, où cent autres mains auront fait circuler l'écrit.

L'incendiaire a commis son crime là où il a porté sa torche;

Le destructeur d'une digue, là où il aura fait la rupture. Et le crime que punissent les Lois ne s'est pas reproduit partout où les flammes se sont étendues, partout où les eaux se sont précipitées.

Et pourtant, ces terribles effets ont leur terme, tandis que la propagation des idées n'a point de bornes. La calomnie se reproduirait donc éternellement; il y aurait donc des délits *perpétuels* et *imprescriptibles*! Mais la Loi n'en reconnaît point. La prescription commence du jour du délit, et ce jour ne peut renaître sans cesse !

Si donc la première publication a été faite à Paris, par exemple, c'est à Paris que le délit s'est achevé. Dès ce moment, la prescription a couru. Donc, dès ce moment, le Tribunal de Paris est devenu le seul Tribunal compétent.

Et si c'est à Paris, en effet, que l'ouvrage a été composé ; qu'il a été imprimé ; que le dépôt des cinq exemplaires a été fait ; qu'il a été publié avec noms d'auteurs et d'imprimeurs, et après l'accomplissement des formalités prescrites par la loi ; et qu'enfin il a été livré à la circulation ; où donc pourrait-on chercher ailleurs le juge DU LIEU du délit ?

La vente et la distribution ultérieures sont des circonstances d'autant plus indifférentes, que les auteurs ne s'occupent presque jamais de ces détails. Cette vente, cette distribution doivent être regardées comme la suite et la conséquence d'un délit déjà commis ; mais elles ne peuvent attribuer à qui que ce soit une compétence déjà dévolue par la Loi au Tribunal du lieu de la publication.

Inutile de faire observer qu'il ne s'agit pas, comme sous l'empire de l'ancienne législation, de faire le procès au libelle souvent anonyme que l'on pouvait saisir et condamner, à l'instant même, dans plusieurs lieux à la fois ; alors c'était le procès *du livre* et non celui de *l'homme* ; mais aujourd'hui que pour condamner, il faut un prévenu à punir, l'application des vieilles maximes sur la compétence en matière de libelles, ne serait plus qu'une monstruosité, et quand on consentirait à ne poursuivre qu'une seule fois pour un seul livre, on n'en donnerait pas moins à l'accusateur le droit de choisir ses juges, et les mandats pourraient toujours se croiser à l'infini sur le même prévenu.

Ces étranges et inévitables conséquences auraient seules entraîné l'opinion du conseil si les considérations premières, qu'il a tirées des plus simples notions du droit ne l'eussent déjà convaincu qu'un délit unique, qu'il faut bien circonscrire par le temps et par le lieu, puisque c'est un fait accompli et individuel, ne peut avoir été commis par la même personne qu'une seule fois et en un seul lieu.

Ce serait donc une erreur grave de dénaturer ainsi, en la multipliant, une compétence dont l'unité établie par la Loi, est un bienfait garanti par la Charte.

Délibéré à Rennes, le 29 *mai* 1818.

Signé, VATAR. TOULLIER. MALHERBE. FÉNIGAN. JUMELAIS. CARRÉ. L. M. COATPONT. GAILLARD DE KERBERTIN. MÉRILHOU.

Les avocats soussignés qui ont examiné la

question proposée , et qui ont pris connaissance
de la Consultation ci-dessus , déclarent y adhérer
complètement et en adopter les résolutions.

Rennes , le 29 mai 1818.

LODIN LALAIRE. TIENGOU-TRÉFÉRIOU.
BODIN, père.   **RESNAYS.**   **RÉBILLARD.**
BELLAMY.   **MOREL.**   BODIN , fils.
RICHELOT, fils.   **FÉNIGAN**, fils.

A RENNES , CHEZ CHAUSSEBLANCHE , IMPRIMEUR,
RUE DE BORDEAUX , DERRIÈRE LE PALAIS.

OBSERVATIONS

SOMMAIRES

Sur le jugement de la chambre de police correctionnelle du tribunal de Rennes, du 8 juin 1818.

~~~~~~~~~~~~~~~~

<table>
<tr><td>

TEXTE

DU JUGEMENT

DONT EST APPEL.

———

EN DROIT,

ATTENDU *que le code d'instruction criminelle, en plaçant au premier rang, dans l'ordre de compétence qu'il établit, le juge du lieu du délit, n'a fait que poser une règle générale, laissant aux tribunaux, en cas de difficulté, le soin de déterminer le lieu du délit, d'après la nature particulière et les circonstances de chaque affaire:*

</td><td>

OBSERVATIONS.

✻•❀•✻ ❦❦ ✻•❀•✻

EN indiquant le juge du lieu du délit, comme un de ceux qui peuvent être compétens pour le juger, la loi n'a pu laisser aux tribunaux le soin d'interpréter ce mot d'une manière arbitraire et indéterminée.

En effet, en fixant une triple compétence, les articles 23, 63 et 69 du Code d'instruction criminelle, ne peuvent avoir eu pour but que de faire cesser les incertitudes nées sous l'ancienne législation, et non pas d'y ajouter les nouvelles incertitudes qui devaient naître d'un principe susceptible de s'étendre ou de se restreindre, suivant la fantaisie du magistrat. Le législateur n'a dû et pu vouloir, en précisant ainsi

</td></tr>
</table>

Texte du jugement.   *Observation.*

sa volonté, que donner au prévenu des garanties contre les sophismes d'une interprétation arbitraire et passionnée, et lui assurer des juges tels que le développement et la preuve de sa justification fussent facilités au lieu d'être contrariés, et que les angoisses inséparables de la position d'accusé fussent adoucies au lieu d'être aggravées et prolongées.

La compétence est de droit public : et aux termes des lois et des principes, en matière criminelle, le juge ne peut prononcer des peines, que lorsque le droit de les prononcer lui est conféré d'une manière positive et claire par un texte formel. Si ce droit lui paraît douteux, il commet un excès de pouvoir en prononçant malgré son doute, et en entreprenant sur la juridiction d'un autre magistrat.

En indiquant *le lieu du délit*, la loi ne pouvait se servir d'une expression plus générale, ni plus particulière, et la langue française ne fournit pas de termes plus rigoureusement précis.

Le législateur n'a pu y attacher que le sens communément reçu dans l'usage, et non pas permettre d'y substituer à volonté toutes les fantaisies que l'on pourrait accréditer à force de subtilité.

Dans l'usage de la langue, les mots *lieu du délit*, ne peuvent s'entendre que du lieu où le délit a été commis, et non pas du *lieu où le délit n'a pas été commis.*

Aux termes des articles 1 et 4 du Code pénal, un délit est un *fait*, et ainsi, les mots précités ne peuvent signifier que le lieu où a été exécuté le fait que les lois défendent et punissent.

Il implique contradiction de supposer

Texte du jugement.	*Observations.*

un fait qui serait exécuté par un individu autre que celui que l'on veut punir, et un lieu du délit qui serait autre que celui où s'est exécuté le fait que l'on veut punir ; le droit d'interprétation arbitraire ne peut aller jusqu'à adopter une semblable absurdité

Conséquemment, le *lieu du délit* ne peut être que celui où l'individu que l'on poursuit, a commis (art. 47) le fait que l'on veut punir, de même que *l'instant du délit* est celui où l'acte émané de la personne du délinquant, est devenu punissable, et est tombé dans le domaine du magistrat criminel.

Il ne peut y avoir aucune interprétation possible, ni par conséquent nécessaire, sur une question de ce genre : tout est fixé par le texte même de l'accusation, qui, en précisant la nature du fait auquel s'applique la poursuite, ne saurait laisser dans le vague l'indication du tems et du lieu du délit ; circonstances nécessaires pour en apprécier la nature et la gravité.

Bien loin que les juges puissent *déterminer le lieu du délit, d'après la nature particulière, et les circonstances de chaque affaire ;* c'est au contraire le lieu et l'heure du délit qui déterminent la nature de chaque affaire, et en forment des circonstances aggravantes ou atténuantes, comme on peut s'en convaincre par l'art. 381 du Code pénal. Loin que les juges puissent à leur fantaisie donner un lieu et une époque à un délit, et se créer ainsi une compétence qui leur manquerait, cette indication accompagne au contraire l'accusation, pour que, sur le simple vu, le juge ne puisse se méprendre sur sa propre compétence.

| Texte du jugement. | Observations. |

Par où l'on voit que le législateur, au lieu de permettre les interprétations, a voulu les proscrire, et que le jugement dont est appel s'est mépris, en attribuant aux juges ce qui est un devoir de l'accusateur, et en voyant dans cette indication une suite de la nature du délit, tandis que c'est au contraire un des motifs qui doivent en déterminer la nature, et peuvent en augmenter la gravité.

Attendu que la calomnie, telle que la définit l'article 367 du Code pénal, prend son existence non seulement dans la gravité des faits imputés, mais encore, et surtout, dans la publicité des imputations :

La calomnie, telle que l'a définie l'art. 367 du Code pénal, ne prend *en aucune façon* son existence dans la gravité des faits imputés, mais reçoit seulement de cette gravité un caractère plus ou moins sérieux, propre à faire augmenter ou diminuer la peine de la loi.

Ce n'est pas dans la *publicité* des imputations, mais uniquement dans leur *publication* que réside la criminalité légale de la calomnie. Cette confusion faite par les premiers juges des mots *publication* et *publicité* paraît avoir déterminé l'erreur qui domine dans leur doctrine entière.

C'est seulement parce qu'ils ont pris, pour mesure de la criminalité, la plus ou moins grande *publicité* des imputations, qu'ils ont pu arriver à cette assertion erronée, que la publicité donnée à Rennes au 6.e volume du Censeur Européen aurait créé dans cette ville un délit nouveau, indépendant et distinct des délits créés dans d'autres villes par la *publicité* qu'y aurait pu recevoir le même volume.

La *publicité* n'est pas la *publication* : la publication d'un livre est l'acte de celui qui le livre au public, et la publi-

Texte du jugement.   *Observations.*

cité est la qualité du livre publié : la publication d'un livre est l'acte qui donne la publicité : l'une est la cause, et l'autre la conséquence. Ainsi, c'est une erreur grave de placer la mesure de la criminalité dans la conséquence, au lieu de la placer dans la cause elle-même.

Aux termes de l'art. 367 du Code pénal, la calomnie légale se compose d'un premier fait, qui est l'imputation, et d'un second fait, la publication que le calomniateur fait de cette imputation, par l'affiche, la distribution ou la vente de l'ouvrage imprimé ou manuscrit qui le contient : d'où il suit que l'imputation dans un ouvrage qui n'aurait été ni affiché, ni vendu ni disribué, ne constituerait pas un délit ; il faut donc l'intervention du second fait, c'est-à-dire, de la publication.

Dès que l'auteur d'un écrit contenant des imputations calomnieuses en a fait la publication, par les moyens que la loi indique, c'est-à-dire par la vente, l'affiche ou la distribution, le délit de calomnie est consommé, et tombe à l'instant même dans le domaine de la loi pénale, et peut être puni de suite par les magistrats compétens, lesquels ne peuvent être que ceux du lieu où l'auteur de l'écrit calomnieux a exécuté l'acte de la publication.

Ce fait de la publication est exécuté, et par conséquent légalement punissable, dès l'instant où l'auteur a publié et livré à la circulation tout ou partie de l'édition du livre calomnieux ; cette livraison à la circulation est un fait personnel et propre à l'auteur : son intention punissable est manifestée par cet acte extérieur, légalement caractérisé ;

Texte du jugement.

c'est là l'époque où la peine devient applicable ; là est aussi par conséquent le lieu du délit.

La plus ou moins grande *publicité*, c'est-à-dire la connaissance qu'une portion plus ou moins considérable du *public* peut acquérir du livre calomnieux, ne peut changer le caractère du délit opéré par le fait de la publication. De même que le défaut de débit de l'ouvrage n'empêcherait pas que le fait de la publication ne fut punissable et puni, de même la grandeur du débit ne saurait aggraver ce délit, ni le multiplier.

En effet, la loi ne punissant dans un délinquant que les faits qui lui sont personnels, c'est-à-dire, le fait de l'imputation, et celui de la publication ; la distribution postérieure à la publication n'étant pas de son fait, doit lui être étrangère par ses résultats, comme elle l'est par l'exécution, laquelle est l'ouvrage d'individus qu'il ne connaît pas, et peut s'opérer dans des tems et des lieux qu'il ne connaîtra jamais : ainsi, il y aurait absurdité dans un système qui rendrait un homme coupable de faits exécutés par d'autres, pendant sa démence, son sommeil, et même après sa mort.

Enfin, il faut tenir contrairement aux premiers juges, que le délit de calomnie prenant sa source dans le fait de la publication, ne peut prendre de gravité que dans la gravité des faits imputés, et non dans la plus ou moins grande *publicité*, qui est la suite, et non pas la cause de la publication.

Texte du jugement.

Que si elles (les impu-
tations) ont été faites
verbalement, il n'est pas
douteux que le délit qui
en résulte se commet par-
tout où les propos calom-
nieux ont été tenus :
que de même, s'il s'agit
d'écrits imprimés, conte-
nant des imputations
injurieuses, le délit de
calomnie existe et se
commet partout où la
vente et la distribution de
l'écrit l'ont rendu public;
parce que cette publicité
qui peut avoir lieu en
même tems, ou succes-
sivement en plusieurs en-
droits, porte partout at-
teinte à l'honneur des
personnes inculpées, et
tend même souvent à
troubler plus ou moins
l'ordre et la tranquillité
qui doivent régner par-
mi les citoyens :

Réfutation.

C'est à tort que l'on voudrait com-
parer les calomnies verbales et les calomnies imprimées. L'on ne peut, par
un rapprochement forcé entre des faits
complètement dissemblables, suppléer
au silence de la loi, et justifier une
compétence imaginaire par une argumentation sophistique.

Il y a plus : en rapprochant l'espèce
de la calomnie imprimée de celle de la
calomnie verbale, on trouve que la conséquence de ce rapprochement est tout
à fait destructive du système des juges
de première instance. Ainsi, loin d'ar-
gumenter en faveur de la compétence,
le rédacteur du jugement arrive à un
résultat opposé.

Si un individu va répéter publiquement, dans la ville de Rennes, des
propos qu'il aura tenus publiquement
dans une autre ville, et qui seront dif-
famatoires pour un autre individu ; *il*
n'est pas douteux, comme le dit le jugement, que le délit se commet partout où ces propos sont ainsi répétés.
Mais ce n'est ni un délit multiple, ni
un délit successif, ni un délit continu ;
ce sont autant de délits différens, qu'il
y a de lieux différens où ces propos
calomnieux ont été répétés. Chacun de
ces délits sera parfait et punissable ;
chacun emportera compétence pour les
juges dans le territoire desquels il aura
été commis. Pourquoi cela ? C'est que
chacun de ces actes renferme en soi-
même, indépendamment de ce qui précède et de ce qui suit, tous les élémens constitutifs d'un délit, le fait du
délinquant et l'intention du délinquant.
Ainsi, un vol commis à Rennes, et un
vol commis à Laval, quoiqu'exécutés

Réfutation.

par le même individu, et au détriment du même individu, ne seraient ni un vol multiple, ni un vol continu : et il serait difficile à un voleur de se tirer des inconvéniens de trois ou quatre répétitions de ce genre, au moyen d'une peine unique, sous le beau prétexte qu'il n'y a pas plusieurs vols, mais seulement un vol multiple, successif et continu.

Mais si on suppose que le propos, au lieu d'être répété successivement par le même individu dans plusieurs villes, l'a été à Rennes par quelqu'un qui l'avait entendu à Paris, si l'on attaque en calomnie à Rennes celui qui a parlé à Rennes, pourra-t-on, après l'avoir mis hors de cause, appeler à Rennes celui qui n'a parlé qu'à Paris ?

On ne le soutiendra pas : et jusqu'à ce que ce procédé ait pour lui quelque autorité, on croit pouvoir le traiter de vision chimérique et téméraire. Celui qui a parlé à Paris, ne peut être puni de son indiscrétion que par les juges de Paris, et ne saurait être traduit à Rennes, pour les indiscrétions de celui qui a parlé à Rennes.

Mais de ce que le causeur indiscret ou malveillant, qui a causé indiscrètement à Paris ou à Rennes, est jugé à Paris ou à Rennes, que doit-on en conclure pour le cas de la calomnie imprimée ?

Faut-il conclure avec les premiers juges que l'écrivain qui a calomnié à Paris, par écrit imprimé, peut être jugé par-tout ailleurs qu'à Paris ? Non, une pareille conséquence paraîtrait aussi contraire à la règle des analogies, qu'aux principes de la saine raison.

Il paraît plus naturel de décider que,

puisqu'on invoque la comparaison, il
faut appliquer aux calomnies imprimées
les mêmes règles qu'aux calomnies verbales ; c'est-à-dire, ne reconnaître de
délit dans les unes et dans les autres,
que là où il y a fait personnel du délinquant, et intention personnelle du délinquant, et déclarer que le lieu de la compétence ne peut être autre que celui
où le délinquant a exécuté personellement
l'acte répréhensible, celui de proférer
personnellement des propos injurieux, ou
de publier personnellement des écrits injurieux.

Ainsi, lorsque les premiers juges ont déclaré qu'*en fait de calomnies imprimées, le
délit se commet là où l'écrit est rendu public*, c'est-à-dire là où a eu lieu la publication, ils ont rendu hommage à une
vérité, proclamée par la consultation du
Barreau de Rennes, et défendue à l'audience dans l'intérêt du prévenu, contre
les censures du ministère public; ils ont
proclamé par là la condamnation de leur
propre doctrine.

Ce n'est en effet que par le même jeu
de mots déjà relevé, que les premiers
juges ont dénaturé une vérité incontestable, pour la faire servir de base à une
erreur manifeste.

Par une aberration difficile à comprendre, cette idée que le lieu où se commet
la calomnie imprimée, n'est que le lieu
où l'écrit calomnieux est *rendu public*, a
conduit leur esprit à cette étrange conséquence, que le fait qui rend public
n'est pourtant pas le fait qui constitue
la calomnie, et qui fixe la compétence
du juge qui doit en connaître.

Suivons les progrès de cette argumen-
tion :

Texte du jugement.　　　*Réfutation.*

On fait d'abord habilement abstraction de l'acte indivisible, du fait personnel qui convertit un ecrit non public, en un écrit public : on ne tient nul compte de l'acte même de publication ; et comme si, en ne parlant pas d'un fait, on le rendait par cela même non avenu, les premiers juges arrivent tout de suite à la publicité, qui est l'effet de la publication, c'est-à-dire, à la qualité de l'écrit, après le fait de la publication.

La publicité peut avoir lieu, disent-ils, *en même tems ou successivement en plusieurs endroits; par conséquent, elle porte partout atteinte à l'honneur des personnes inculpées.*

Qu'est-ce qui dit le contraire ? Et qu'est-ce que cela peut avoir de commun avec la compétence universelle, et perpétuelle : sans doute, *la publicité* du livre peut avoir lieu en même tems dans plusieurs endroits ; c'est-à-dire, qu'un livre peut être public en même tems en plusieurs endroits ; mais cela ne prouve pas que l'acte qui l'a donné au public puisse s'opérer à la fois, ou successivement, dans plusieurs endroits, à moins que de confondre, par un quiproquo inconcevable, l'action de mettre un ouvrage à la disposition du public, avec la connaissance que le public peut en avoir, après qu'on le lui a livré, c'est-à-dire, la publication elle-même, avec la publicité.

On l'a déjà dit, et on sera forcé de le répéter encore, parce que les premiers juges ont énoncé leur erreur capitale plus d'une fois : le fait par lequel un auteur livre son ouvrage au public, c'est ce qu'on appelle *la publication* : après ce fait, la connaissance de l'ouvrage n'est plus bornée à l'auteur lui-même : des

Texte du jugement.   *Réfutation.*

individus qu'il ne connaît pas , et qui
sont pour lui le public , peuvent se
procurer cet écrit sans son consente-
ment : cette faculté existe de fait pour
le public, lorsque l'auteur a fait mettre
en vente les exemplaires de son ouvrage,
ou bien les a fait distribuer gratuitement,
si l'écrit n'est pas destiné à être vendu.
Sans doute, la conformité de cet ouvrage avec le goût des lecteurs pourra
faire débiter l'édition d'une manière plus
ou moins rapide , et nécessiter des éditions nouvelles dans un tems plus ou
moins rapproché ; évidemment, plus l'é-
crit aura de lecteurs, plus sa *publicité*
sera grande ; mais le débit qui aura duré
une année , la seconde édition qui se sera
épuisée dans une seconde année , tout
cela n'empêchera pas que l'ouvrage n'ait
été livré à la circulation, c'est-à-dire ,
publié, un an, deux ans auparavant. Or,
un ouvrage *publié* , est un ouvrage dont
il y a eu *publication*.

Soutenir qu'après la mise en vente des
exemplaires , il n'y a point eu encore
de *publication* , parce que l'ouvrage n'a
point encore atteint toute la *publicité*
qu'il peut atteindre , c'est dire qu'après
l'épuisement même de la première édition , il n'y a point de publication : car
les nombreuses éditions qu'il peut
recevoir, si c'est un ouvrage de génie ,
multiplieront à l'infini sa publicité. Après
la première édition , l'esprit des lois
n'aurait point eu de publication encore ,
parce qu'une foule d'éditions postérieures , devaient reproduire dans l'immense
proportion de l'avidité de l'univers raisonnable, les conceptions du génie de
Montesquieu , et étendre leur *publicité* ,
non plus à Paris , non plus à la France ,

Texte du jugement.   *Réfutation.*

mais à l'Europe entière et aux deux mondes.

La *publicité* est donc autre chose que la *publication* : l'une est un fait invariable, personnel à l'auteur, acte un par l'espace, un par le tems : l'autre est une circonstance indépendante de l'auteur, susceptible d'une augmentation indéfinie, par un fait et une volonté que l'auteur ne peut ni connaître, ni diriger, ni activer, ni suspendre, ni arrêter. La publication est une action de l'auteur sur le livre : la publicité est la connaissance que le public prend du livre.

Aux yeux de la raison commune, la *publication* est le premier acte par lequel l'auteur met son livre à la disposition du *public* : aux yeux de la jurisprudence moderne, et des lois d'exception régnantes, la publication commence au dépôt. Quelques magistrats du ministère public sont allés plus loin, et ont soutenu *qu'il y avait publication, dès l'instant où l'écrit a passé du secrétaire de son auteur entre les mains de l'imprimeur ; car on ne porte pas un manuscrit à un imprimeur pour ne pas le publier : cela ne se suppose pas.* (1)

Quoiqu'il en soit de ces différentes opinions, toujours est-il que tout le monde, excepté les premiers juges, a toujours distingué la *publication* de la *publi-*

_____

(1) Opinion et expressions de M. le procureur général Bellart, député de la Seine, dans la discussion sur la liberté de la presse, chambre des députés, séance du 22 décembre 1817. Voyez le moniteur du mardi 23 décembre.

Texte du jugement.   *Réfutation.*

cité qui en résulte. Tout le monde a toujours considéré la *publication*, comme un
fait précis, qui existe tout entier à l'instant où il se consomme, sans être susceptible par la suite d'augmentation ni de
diminution.

S'il est vrai, aux termes des principes
généraux, que le délit est un fait accompagné de l'intention, et que la calomnie
est une *imputation* accompagnée de la
publication, il faut donc en conclure que
le délit est là où s'est opérée la publication, et que le délinquant est l'individu
qui l'a exécutée.

Punir l'auteur de la publicité de son
livre, et ne pas le punir de la publication,
c'est le punir du fait d'autrui, et ne pas
le punir du fait qui lui est personnel; si
la publication n'est que la publicité, on
devrait donc acquitter l'auteur d'un ouvrage calomnieux, assez mauvais pour n'a-
voir pas quitté l'étalage du libraire.

Ainsi, la *publicité*, ou la vogue plus
ou moins grande dont l'ouvrage peut jouir
après la publication, n'empêche point
l'unité du temps et du lieu du fait de la
publication.

Il importe peu que partout où l'ouvrage parvient, il porte atteinte à l'honneur des personnes inculpées. Cette circulation des volumes, ne peut pas faire
que l'auteur soit présent partout où le
livre est transporté. Cette présence est
pourtant nécessaire pour qu'il y ait un
délit; car il ne peut y avoir de délit sans
un individu délinquant.

La multiplicité des volumes est un in-
convenient de l'imprimerie: la rapidité de
leur circulation est un effet des moyens
nouveaux de communication : mais il
faut réduire toujours le fait de l'auteur à

Texte du jugement.   *Réfutation.*

ce qui est son action immédiate, et l'effet de sa volonté personnelle. Son fait direct, sa volonté individuelle se réduisent à la démarche par laquelle il a livré lui-même l'universalité de ses volumes.

Ce fait est un et indivisible ; c'est celui de la *publication* et non pas la *publicité.*

Si une calomnie verbale est proférée publiquement dans une ville, en présence d'une foule de citoyens, qui vont la répéter à l'instant dans les villes voisines, le premier calomniateur sera puni dans le lieu où il a fait entendre ses allégations indiscrètes : ceux qui les ont répétées, seront punis pour leur compte, et d'une manière tout à fait séparée.

La répétition de ce propos, *en même tems, ou successivement dans plusieurs endroits,* quoique *portant partout atteinte à l'honneur de la personne* inculpée, ne paraîtrait jamais une raison suffisante pour créer et pour punir des délits, sans l'intention et le fait du délinquant.

Qu'ainsi le délit de calomnie, par la voie d'écrits imprimés, ne se commet PAS SEULEMENT *là où l'auteur les a livrés à l'impression, et a rempli la formalité du dépôt des exemplaires; qu'il se commet encore là où la calomnie s'est répandue, et est devenue publique par la vente et la distribution de l'écrit, que dans ce cas il n'y a pas deux ou plusieurs délits, mais un seul et même délit, dont l'existence se propage par la publicité.*

Les développemens qui précèdent, dispenseront d'une longue réponse à cette assertion, qui n'est autre chose que la conséquence des erreurs que les premiers juges ont déjà proposées.

Les premiers juges reconnaissent que le délit imprimé se commet bien dans le lieu de l'impression et du dépôt; mais ils veulent encore que ce délit se commette également partout où l'écrit parvient. C'est assurément ne pas être avare de délits, que de les répandre avec une semblable profusion. Parcourons chaque proposition.

Dire que le délit de la calomnie se commet là où l'écrit a été imprimé,

Texte du jugement.   *Réfutation.*

c'est une affirmation sans preuve, et contradictoire avec toutes les maximes de droit criminel. On négligera de la combattre, pour ne pas s'éloigner de la question actuelle.

Que le délit de calomnie se commette dans le lieu du dépôt ; c'est une vérité constante, que le ministère public a vainement combattue, et que le prévenu a toujours révendiquée.

Quant à la multiplication ultérieure du délit, c'est une monstruosité légale, que l'esprit le plus complaisant ne saurait comprendre. C'est toujours la même confusion de la *publication* et de la *publicité* du fait qui constitue le délit, et de l'instrument dont le délinquant s'est servi. Comment n'a-t-on pu distinguer des choses aussi disparates, aussi essentiellement distinctes ?

Si un délit n'est qu'un fait coupable, accompagné de l'intention, si l'idée d'un fait ne peut être séparée de celle de l'individu qui l'exécute, comme un intention ne saurait se concevoir, abstraction faite de l'individu qui l'a conçue, qu'est-ce qu'un délit qui après avoir été consommé parfaitement dans un lieu, par le fait et l'intention du délinquant, se propage en suite par la *publicité*, c'est-à-dire, par la connaissance qu'en prend le public ?

Qu'est-ce qu'un fait qui se propage ? C'est un fait qui s'étend, c'est-à-dire, qui devient existant dans des milliers d'endroits où le délinquant n'a jamais été, et ne sera jamais.

Supposer que le délit, c'est-à-dire la publication que l'auteur a faite sur un point, est censée faite partout où le livre paraîtra ; c'est comme si l'on sup-

Texte du jugement.   *Réfutation.*

posait que la construction d'un vaisseau sorti des chantiers de Brest, sera censée exécutée partout où le vaisseau paraîtra depuis Philadelphie jusqu'aux mers du Japon, comme si partout où l'apparition du livre ou du vaisseau manifeste son existence, le constructeur ou l'auteur devait nécessairement apparaître pour renouveler le fait par lequel il lui a donné l'être.

Il y a des absurdités sans preuve, qu'il est impossible de réfuter, parce qu'elles ne sont appuyées sur rien : une assertion toute nue est détruite par une dénégation toute nue, et le développement de ses conséquences monstrueuses est la meilleure démonstration de son illégalité.

Il n'y a pas plusieurs délits, disent les premiers juges : ce n'est qu'un seul et même délit, dont l'existence s'est propagée par la *publicité*.

Il est vrai qu'il n'y a pas plusieurs délits : il n'y en a et ne peut y en avoir qu'un seul ; mais cette idée d'une propagation indéfinie peut bien s'appliquer à la connaissance du délit, c'est-à-dire, à la *publicité* ; et non pas au fait même qui constitue le délit, c'est-à-dire, à la *publication*.

Un fait peut se renouveler ; mais il se renouvelle *toujours* dans un temps nouveau, quelquefois avec des circonstances nouvelles : c'est un fait nouveau, un fait renouvellé, mais non pas un fait propagé.

Tacite en publiant de son vivant son histoire des tyrans de Rome, a exécuté un fait qui pouvait le rendre passible de quelques actions en *calomnie* : mais ce fait de la publication est resté indivisible et

Texte du jugement.　　　　　　　　*Réfutation.*

un par le tems comme par l'espace ; la connaissance de ces admirables récits s'est répandue par l'imprimerie ; *la publicité s'en est propagée.* S'ensuit-il qu'après plus de mille ans, Tacite ressuscite pour commettre un délit nouveau, pour voir *propager son délit de publication*, chaque fois qu'un exemplaire de ses écrits est déplacé.

Au surplus, une proposition aussi étrange eût mérité, ce semble, d'être appuyée par quelques raisons plus ou moins plausibles. Aucune preuve n'a été produite, à moins qu'on ne donne ce titre à la plus complète confusion du fait d'un homme et de la qualité d'un livre, des effets et des causes, des motifs et des conséquences.

D'où il suit que la partie lésée a le droit de porter sa plainte devant le juge du lieu où elle apprend que l'écrit calomnieux a été vendu ou distribué, encore bien qu'il ait pu être imprimé ailleurs. vendu ou distribué ailleurs : que la vente et la distribution dans le ressort du juge devant qui la plainte est portée suffisent pour établir sa compétence comme juge du lieu du délit:

Voilà la théorie de la compétence universelle et perpétuelle parfaitement établie ; c'est-à-dire que les premiers juges déclarent sans détour que tous les juges sont compétens pour juger, dans tous les tems, les ouvrages réputés calomnieux. Ainsi, ils vont plus loin que les écrivains du Ministère, qui n'attribuent la compétence, en matière de calomnie imprimée, qu'aux juges du domicile du calomnié.

Sur quoi est donc fondée cette compétence universelle et perpétuelle ? Sur l'universalité et la perpétuité du délit. Qu'est-ce qui prouve l'universalité du délit ? C'est l'universalité indéfinie de la *publicité*, qui, au dire des premiers

Texte du jugement.

juges, en se joignant à l'imputation, constitue le délit de calomnie.

Voilà bien l'édifice de l'argumentation de première instance. Mais la fausseté de la proposition fondamentale fait promptement évanouir toutes les autres.

On a prouvé plus haut que la publication n'est pas la publicité. Si la publicité se propage, la publication ne se propage pas; elle est nécessairement circonscrite dans un tems et dans un lieu, parce qu'un fait ne peut exister que dans un espace, et dans un tems donné. Le délit de calomnie se compose de l'imputation et de la *publication*, et non pas de l'imputation et de la *publicité*, parce que la *publication* doit précéder la *publicité*, comme la cause précède l'effet. Le délit de calomnie n'est donc pas susceptible de propagation; s'il n'est pas universel, la compétence qui en découle ne saurait l'être non plus.

L'assertion que contient cette partie des motifs n'est pas d'accord avec les principes généraux des compétences.

Admettons pour un moment cette *compétence universelle*, telle que les premiers juges l'ont énoncée.

On voit, par la combinaison des art. 23, 63 et 69 du Code d'instruction criminelle, que dans les cas où ces dispositions attribuent la compétence, le ministère public peut d'office, *sans attendre la plainte*, commencer les poursuites contre le délinquant, et cela pour les délits comme pour les crimes. C'est une maxime certaine : c'est là ce qui constitue la véritable compétence, la compétence légale, le droit positif et actuel de connaître de tels délits, privativement à tous autres juges.

Texte du jugement.   *Réfutation.*

La *compétence universelle et perpétuelle*
n'a pas 'ce caractère : elle appartient à
tout le monde , mais personne ne peut
l'exercer de plein droit, sans une plainte
quelconque. En d'autres termes , une
compétence qui appartient à tout le
monde n'appartient à personne ; et si le
droit de poursuivre , inutile et paralysé,
ne reçoit sa force et sa vie que de la
plainte , il s'ensuit que c'est la plainte
qui confère la competence. En d'autres
termes , l'accusateur désigne des juges
à l'accusé. Comme dans ce choix l'accusateur n'est circonscrit par aucune règle ,
on lui permet de s'en aller de ville en
ville; offrant à chaque procureur du Roi,
la plainte et la compétence , jusqu'à ce
qu'il puisse trouver quelque magistrat
assez complaisant, pour qu'il puisse être
sûr du succès ; et compter sur l'emploi
aveugle des mesures les plus rigoureuses
contre l'accusé.

C'est bien là l'un des plus violens abus
que puissent engendrer de mauvais principes. Des procédés aussi opposés à
tout ce qu'il y a de maximes d'equité ,
de justice, de sûreté individuelle , ne
devraient pas être autorisés légèrement ,
sans un texte formel qui pût disculper
les juges du parti que peut en tirer l'iniquité.

Le système des compétences, qui est
la partie la plus sacrée de l'ordre judiciaire , au lieu de reposer sur des bases
connues, au lieu d'avoir cette rassurante
fixité que le législateur lui a donnée, serait abandonné au caprice de l'individu,
le plus intéressé à en abuser.

Ainsi le *juge du délit* , dans la langue
nouvelle , n'est plus le juge du lieu où
le délit a été commis, mais bien celui

Texte du jugement.

qu'il a plu à l'accusateur de choisir entre tous les juges du territoire de France, depuis Paris jusqu'à l'île Bourbon, ou Pondichéry.

Voilà à quelles conséquences conduit une méprise sur les caractères constitutifs des délits.

Que si, à l'occasion du même écrit mis en circulation, il arrivait que plusieurs poursuites fussent entamées devant différens tribunaux, il y aurait alors des règles sûres et des voies légales pour faire cesser le conflit de juridiction, qui peut avoir lieu également dans d'autres affaires :

Ici autre genre d'erreurs. Le réglement de juges, pour cause de conflit positif de juridiction, ne saurait être employé dans cette conjoncture, et pour un mal très-réel on propose, un remède imaginaire.

Le réglement de juges a lieu, lorsque plusieurs juges également compétens, les uns comme juges du lieu du délit, les autres comme juges du domicile, et d'autres comme juges de la capture, veulent également connaître du même délit.

Entre des droits pareils, il faut bien que la préférence soit déclarée en faveur de quelqu'un.

Mais on n'a jamais vu que le réglement de juges dût avoir lieu pour des délits différens et non connexes.

Un volume de 400 pages peut donner lieu à 400 plaintes en calomnie, portées à la fois le même jour par 400 personnes, devant 400 juges différens.

Ces calomnies, quoique contenues dans des pages cousues ensemble, ne sont pas connexes aux termes de l'article 227 Cod. instr. crim. Ces calomnies sont très-distinctes ; et sûrement le citoyen de Perpignan ou de Marseille qui aura rendu plainte, et fait commencer une

Texte du jugement.   *Réfutation.*

procédure devant le juge de son domicile,
ne pourrait point être forcé de procéder
devant les juges de Rennes , auxquels un
citoyen Breton aurait adressé , le même
jour , une plainte en calomnie, accompagnée d'une fraction de compétence.
Chacun des 400 juges, saisis en vertu
de la compétence universelle , serait
fondé à faire un procès séparé, au moins
par défaut. Aucune règle de connexité
ou d'antériorité ne pourrait être ici appliquée avec justesse. Le conflit ne porterait pas sur le délit, puisque l'imputation , par hypothèse , ne serait pas
la même : il ne porterait pas sur le livre,
puisque chaque tribunal pourrait s'en
procurer un exemplaire.

L'embarras ne pourrait être que pour
la personne de l'écrivain , qui ne pourrait se trouver partout le même jour ,
quand bien même la récente pratique
de l'arrestation préliminaire, introduite
par le juge d'instruction du tribunal de
Rennes, serait adoptée dans les autres
tribunaux , pour l'édification du public ,
et l'avantage de l'humanité.

Ainsi, le conflit de jurisdiction qui
peut s'élever dans d'autres affaires, ne
fournit aucune regle pour un cas où il
ne s'agit, entre 4 ou 500 juges, que
de se disputer la personne d'un prévenu de calomnie , et non pas le jugement du délit lui-même, ni la possession des preuves qui doivent le constater.

Texte du jugement.

Qu'inutilement l'auteur, ou les auteurs de l'écrit dénoncé comme calomnieux, pretendraient-ils décliner la compétence du juge du lieu où il a été vendu et distribué, sous prétexte qu'ils n'auraient pris aucune part directe à cette vente et à cette distribution :

Réfutation.

Cette remarque des premiers juges prouve bien l'*inutilité* de tels ou tels moyens justificatifs, présentés par le prévenu, mais ne prouve pas que ces moyens fussent contraires à la loi et à l'équité. Le rejet de tel ou tel système, et le triomphe de tel autre, ne peuvent constater que l'opinion de ceux qui prononcent. Une justification peut être inutile, mais ne saurait devenir un tort.

Il serait superflu de repousser cette assertion des premiers juges ; il est impossible de prouver que ce qu'ils disent leur avoir paru inutile ne leur a pas paru inutile. On pourrait établir que cette *opinion* est mal fondée ; mais cette démonstration serait un hors-d'œuvre, puisque les premiers juges se sont dispensés eux-mêmes de motiver l'opinion qu'ils énonçaient.

Cette opinion généralisée peut se traduire par ces mots :

Un délit est le fait joint à l'intention du délinquant ; la compétence du lieu du délit appartient au juge du lieu où le délinquant a exécuté le délit. (Art. 23, 63, 69 Cod. instr. crim. ; 1, 4 Cod. pénal). Donc *inutilement le prévenu prétendrait-il décliner la compétence du juge du lieu du délit, sur le fondement qu'il n'aurait pris aucune part directe à l'exécution du délit dont il s'agirait.*

Il serait difficile de dire jusqu'à quel point ce raisonnement est fondé en droit ; il serait *inutile* d'examiner si, pour fixer la compétence à raison du délit, il est superflu de déterminer le lieu du délit, et la participation immédiate du prévenu. Ces idées sont parfaitement senties de tout le monde. Tout ce qu'il y a de cer-

Texte du jugement.

Réfutation.

tain , c'est que l'assertion qu'on vient de voir est la traduction exacte de la pensée des premiers juges , comme elle en est la critique la plus modérée.

Qu'en effet il importe peu à la partie , qui est l'objet d'une diffamation publique, de savoir quels arrangemens particuliers a pu prendre l'auteur de l'écrit avec son imprimeur ou son libraire , relativement à la vente et à la distribution de cet écrit :

Il est possible qu'il importe très-peu à la partie qui se prétend diffamée de connaître ces différens arrangemens. On ira même plus loin que les premiers juges , et on conviendra qu'il est très-possible qu'il *importe beaucoup* à la partie qui accuse , de travestir et de défigurer la conduite de la partie accusée , afin de frapper plus sûrement le coup qu'elle veut porter.

Quoiqu'il en puisse être , il importe essentiellement à l'accusé que la nature de ses actions soit bien connue et bien éclaircie , afin qu'on n'établisse pas une procédure plus ou moins douloureuse sur des faits imaginaires , en attendant qu'on puisse le punir pour les faits d'autrui.

Disons plus : quels que soient les intérêts et la fantaisie des parties , ce doit être pour les juges un soin éminemment grave ; un devoir presque religieux de rechercher ces *arrangemens particuliers* dont parle le jugement , parce que c'est dans ces arrangemens que consiste la part plus ou moins directe de l'accusé dans la distribution faite dans tel ou tel endroit. Si la publication constitue avec l'imputation le délit de calomnie , et si le lieu de la publication fixe le lieu du délit, ce ne saurait être une recherche oiseuse que celle qui tend à savoir si l'arrivée d'un nombre plus ou moins consi

Texte du jugement.

Réfutation.

dérable d'exemplaires dans un lieu donné, est le premier acte de la publication, ou bien la conséquence et l'effet d'une publication déjà faite dans un lieu bien différent.

Lorsque c'est l'arrivée et la distribution à Rennes du 6.ᵉ volume du Censeur qui forme aux yeux de la partie publique le véritable délit; lorsqu'il est établi par l'accusation elle-même que ces volumes ne sont arrivés, et n'ont été distribués que par des faits étrangers et inconnus au prévenu, rappeler ou éclaircir ces faits, c'est assurément ne pas sortir de l'intérêt de la cause.

Que celui qui livre un ouvrage a bien évidemment l'intention de lui donner la plus grande publicité ; que CONSÉQUEMMENT *la vente et la distribution, quelque part qu'elles aient lieu, doivent être reputées son propre fait :*

Lorsque les auteurs, jurisconsultes ou philosophes, lorsque les lois elles-mêmes exigent, pour constituer un délit punissable, *l'intention jointe au fait,* personne n'aurait supposé que l'intention suppléât au fait, ou le fait à l'intention, en sorte que l'intention sans le fait, ou le fait sans l'intention, suffisent également pour l'application de la peine ; système bien simple, afin d'être bien sûr de ne pas manquer de délits à punir.

Sans doute, l'écrivain qui livre son écrit à l'impression, et qui le publie ensuite, a l'intention de lui donner la plus grande *publicité,* c'est-à-dire, qu'il désire que son livre soit connu, lu et approuvé par le plus grand nombre qu'il se pourra, comme celui qui parle a le désir de se faire écouter. C'est une vérité incontestable.

Mais il y a loin de ce désir intime et secret, dont Dieu seul peut apprécier

Texte du jugement.   *Réfutation.*

la nature et l'intensité ; il y a loin,
disons-nous, pour arriver à cette autre
proposition, que toute locomotion opérée sur ce livre sera désormais réputée
le fait de l'auteur.

Ici les idées intermédiaires sont frau-
beaucoup trop facilement.

Il faudrait, pour arriver à cette conséquence tranchante, quelques antécé-
dens qu'on ne concéderait pas sans difficulté.

A côté de ce désir intime de la plus
grande publicité, il faudrait supposer
que l'auteur eût eu la résolution d'aller
publier de nouveau l'écrit par-tout où
chaque exemplaire pourrait parvenir ;
mais la supposition de cette intention
ne suffirait pas encore ; il faudrait encore que le fait se joignît à l'intention,
c'est-à-dire, qu'après une première publication, l'auteur fût allé en faire de
nouvelles, autant qu'il y aurait eu d'exemplaires, comme si l'on pouvait publier
une seconde fois ce qui est déjà publié
une première fois.

En d'autres termes, à côté de l'intention de la publication que le désir
de la publicité ne suppose pas, il faudrait placer des faits effectifs, des actes
personnels de l'auteur, qui sont repoussés
par la nature même des choses.

Si un individu a tenu un propos calomnieux devant un certain nombre de
témoins, il pourra être puni lui-même ;
mais on ne le punira pas pour la repro-
duction de ses calomnies, faite par quelques uns de ceux qui l'ont entendu. On
pourra bien dire qu'en parlant devant un
grand nombre de témoins, il a eu nécessairement *l'intention* que ses assertions
fussent répétées ; mais on ne pourra en

Texte du jugement.   *Réfutation.*

conclure que l'intention doit être réputée pour le fait.

En principe général, dans tous les
délits il faut l'intention jointe au fait :
les délits de calomnie verbale ne sont pas
exempts de la règle; pour créer au sujet
des calomnies imprimées des principes
spéciaux, qui permettent de punir le
fait sans l'intention, ou l'intention sans
le fait, cela vaudrait au moins la peine
que quelque loi eût autorisé cette étrange
exception au droit commun.

---

*Attendu que ces prin-
cipes de compétence, en
matière d'écrits impri-
més, contenant des im-
putations calomnieuses,
étaient admis sous l'em-
pire de l'ancienne juris-
prudence et de l'ordon-
nance criminelle de 1670.*

C'est une erreur de fait bien remarquable. Dans toute l'ancienne jurisprudence, qui présente pour les divers Parlemens du royaume une suite presque
non interrompue de décisions souveraines,
pendant cinq ou six cents ans, on trouve
un seul arrêt qui, par une application
assez éloignée, peut être invoqué dans
l'espèce avec plus ou moins d'exactitude.

Et cet arrêt, unique pendant six cents
ans, dans treize parlemens, est de 1616:
il a deux siècles de date. Il faut convenir
que voilà une jurisprudence bien solide-
ment établie.

Cet arrêt est du parlement de Bourgogne; il est attesté par Bouvot, qui
en parle seul entre tous les arrêtistes de
ce parlement. Le savant président Bouhier, le plus grand magistrat, le jurisconsulte le plus habile et le plus exact
de la province, ne dit pas un mot de cet
arrêt dans son ouvrage, d'ailleurs si
complet et si estimé. Bien plus, le
président Bouhier avertit ses lecteurs
de se méfier des assertions de Bouvot,

qui, selon lui, n'a rien vérifié , et travail-
lant sur des matériaux étrangers , a été
souvent à même de *s'équivoquer sur les
espèces jugées*, d'après les expressions
du savant magistrat. La même décision
est rapportée par Jousse, dans son grand
traité de la justice criminelle ; mais il
se contente de citer Bouvot , avec un
simple renvoi ; en sorte que cet arrêt n'a
absolument d'autre garantie que celle de
Bouvot.

Est-ce une jurisprudence bien constante , que celle qui n'est attestée , dans
l'espace de six siècles, que par un arrêt
solitaire, dont l'existence peut paraître
équivoque. Si cet arrêt pouvait fournir
le moindre argument dans la cause
actuelle, il ne serait pas difficile d'é-
tablir que ce n'est point là une jurisprudence.

D'un autre côté, l'espèce jugée n'est pas
indiquée par Bouvot d'une manière claire
et précise. On n'y voit pas si l'écrit condamné avait été imprimé et publié dans la
ville de Dijon, et si, par conséquent, il est
bien certain que la compétence du parlement de Dijon n'était pas fondée sur
d'autres causes que sur la distribution
du volume dans le ressort de cette cour
souveraine.

Cet arrêt d'ailleurs est de 1616, c'est-
à-dire, antérieur à l'ordonnance criminelle de 1670, qui a établi sur la compétence des maximes plus fixes et plus
précises.

On peut voir dans d'Argentré , qui
écrivait avant l'ordonnance, toutes les
incertitudes qu'une législation flottante
avait introduites sur le fait de la juris-

Texte du jugement.

Réfutation.

diction. La compétence du juge du lieu du délit, celle du juge du domicile, et de celui de la capture, avaient tour à tour prévalu. D'Argentré declare que dans ce cahos, il est difficile de démêler quelles sont les vérités auxquelles il faut irrévocablement s'arrêter.

L'ordonnauce de 1670 eut pour objet de fixer tous ces doutes. On peut voir dans le procès-verbal de la discussion, que sur la réquisition de M. le premier président de Lamoignon, et conformément à l'avis de M. le président de Novion, et de M. l'avocat général Talon, on fixa désormais la compétence sur le juge du lieu du délit, et l'on adopta par interprétation celle du lieu de l'arrestation.

Il est difficile, devant des principes aussi positifs, d'admettre pour les délits de calomnie imprimée une troisième espèce de compétence, lorsque le législateur paraît évidemment avoir accordé à la compétence toute l'extension dont elle paraissait susceptible, en consacrant la compétence du juge de l'arrestation, laquelle n'avait jusqu'alors qu'une existence ambigüe, incertaine et contestée.

On voit que les arrêts antérieurs à l'ordonnance perdent par là beaucoup de leur autorité.

En invoquant l'ancienne jurisprudence, qui, en matière d'écrits calomnieux, pouvait être révoquée en doute, les premiers juges paraissent avoir eu aussi en vue la théorie de certains écrivains sur les délits qu'ils appèlent continus et successifs.

L'examen détaillé de chacun des crimes qu'on rangeait dans cette cathégorie, serait une tâche beaucoup trop longue ;

car chaque espèce de ces délits a des caractères qui la distinguent de toutes les autres.

Au lieu d'établir les différences respectives du viol, de la bigamie, du rapt, du faux en écriture, de la fausse monnaie, etc. etc., il suffira d'énoncer, comme une vérité incontestable, que, sous l'ancienne législation, l'effet du caractère de continuité, que quelques criminalistes attribuaient à certains délits, n'était autre que de conférer au juge de l'arrestation le droit d'instruire et de juger, tandis que pour les autres délits, il était tenu de renvoyer au juge du lieu où l'exécution ou la tentative avait eu lieu.

Jamais aucun écrivain n'a tiré pour conséquence de cette doctrine l'idée d'une compétence universelle et perpétuelle. Les délits, d'ailleurs, appelés *continus* ou *successifs* se prescrivaient comme les autres, du jour de la consommation ou de la tentative, tandis que le délit multiple de la calomnie imprimée serait tout à fait imprescriptible dans le système des premiers juges.

Enfin, il ne faut pas omettre de remarquer que, sous l'ancienne jurisprudence, on ne faisait pas toujours et nécessairement, comme aujourd'hui, le procès à l'auteur; on ne le faisait qu'au livre. Cette vérité, que le ministère public s'est vainement efforcé de nier, est attestée par tous les souvenirs de l'histoire littéraire du dernier siècle. L'ouvrage de Raynal sur les Deux Indes, le Bélisaire de Marmontel, et cent autres ouvrages ont été condamnés par le parlement de Paris, et brûlés par la main du bourreau. Les auteurs n'ont pas été inquiétés. Presqu'à la veille de la révolution, le célèbre mé-

Réfutgtion.

moire *des trois roués* a eu le même sort, sur le réquisitoire de M. l'avocat général Séguier. L'illustre président Dupaty, qui en était l'auteur, et l'avocat au parlement qui, par sa signature, en avait autorisé la publication, n'ont jamais été recherchés à ce sujet.

Ainsi, quand bien même l'ancienne jurisprudence serait aussi constante sur ce point qu'elle l'est peu, elle serait toujours aujourd'hui sans application. Sous les lois modernes, on fait le procès à l'auteur, et on ne le fait qu'à lui. Il est donc nécessaire que ce procès soit dirigé d'après les règles connues de compétence, et que l'on prenne pour point de départ un fait personnel et immédiat de l'auteur ; circonstance véritablement superflue, lorsque la personne de l'auteur était inconnue, et devait rester étrangère au prononcé. Il était tout simple alors qu'on ne fît attention qu'au matériel même du livre, et qu'on le condamnât où on le trouvait, lorsqu'on ne condamnait que lui, ce qui était tout simple dans ce tems, serait aujourd'hui une absurdité.

On n'ajoutera plus qu'un mot au sujet de l'arrêt précité. Cet arrêt parle d'un libelle : or, dans la langue des lois anciennes, un *libelle* était un écrit diffamatoire, distingué surtout par le caractère de clandestinité, c'est-à-dire, sans nom d'auteur ni d'imprimeur. Quel argument peut-on donc tirer d'une décision faite pour le cas le plus disparate à celui qui nous occupe aujourd'hui ? Quelle similitude entre un écrit entaché du vice de clandestinité, et celui dont la publication a été accompagnée de l'observation la plus scrupuleuse de toutes les formalités de la loi.

Texte du jugement.   *Réfutation.*

On doit conclure des observations qui précèdent que l'existence de l'ancien arrêt n'est pas constante ; qu'un arrêt isolé ne constitue pas une jurisprudence, de même qu'un fait isolé ne constitue pas une habitude ; et que dans tous les cas, cet arrêt ne serait pas plus applicable à l'espèce actuelle, que la prétendue théorie des délits continus n'est applicable aux délits de la presse.

Que rien dans nos lois actuelles ne s'oppose à ce qu'ils (les anciens principes) reçoivent aujourd'hui leur application:

Si l'existence des anciens principes qu'invoquent les premiers juges est incertaine, la conséquence qu'ils en tirent tombe d'elle-même.

Mais en supposant que ces prétendus principes soient établis, il est douteux qu'ils conservent aujourd'hui leur autorité.

Ce n'est point par des conjectures qu'on peut établir la compétence ; il faut des textes précis et formels. Ici, loin d'avoir des textes formels qui autorisent cette idée d'une compétence universelle et perpétuelle, on n'a que des dispositions qui résistent fortement par leur silence à l'introduction d'un système aussi bizarre.

En supposant que l'arrêt de 1616 établisse clairement la doctrine actuelle, ce ne serait encore qu'une doctrine particulière au parlement de Bourgogne. En admettant encore que toutes les autres cours souveraines aient partagé cette opinion, il faudrait en donner quelque preuve, et il n'y en a pas d'autre que le silence qu'elles ont gardé. Il est difficile de conclure de ce silence qu'elles ont pensé tout ce qu'elles n'ont pas dit.

L'ordonnance de 1670 est venue depuis : même silence.

Texte du jugement.

Réfutation.

La loi de 1791, sur la nouvelle organisation criminelle, a été publiée sans s'expliquer en faveur du prétendu principe de la compétence universelle.

La loi de brumaire an 4 ne s'explique pas davantage.

Le Code actuel d'instruction criminelle, décrété le 17 novembre 1808, le Code pénal, décrété en février 1810, lequel prévoit et punit le délit de calomnie ; la loi du 9 novembre 1815, qui caractérise les délits de calomnie dirigés contre l'ordre politique, dix-huit volumes in-4.° du Recueil des arrêts de la Cour de cassation ; tous les livres, tous les recueils sont muets sur cette exhorbitante exception au droit commun, que l'on s'efforce d'introduire.

On laisse à juger lequel mérite la préférence, ou d'une série de lois et d'arrêts, qui tous proclament les principes généraux, et excluent les exceptions qu'ils ne consacrent pas ; ou d'un arrêt isolé, de deux cents ans de date, incertain dans son existence, ambigu dans sa décision, lequel établit seul la fameuse exception, et donne seul un démenti à toutes les lois qui devaient intervenir.

Entre six lois solennelles qui affirment, et un arrêt solitaire qui nie, les premiers juges ont préféré l'autorité de cet arrêt, anéanti par son isolement et par sa vétusté.

Il ne faut pas être jurisconsulte pour apprécier une pareille résolution.

Les premiers juges prétendent que rien, dans nos lois actuelles, ne s'oppose à l'application du principe de l'arrêt de 1616.

Rien en effet ne s'y oppose, que nos lois actuelles elles-mêmes.

Texte du jugement.

Réfutation.

Rien ne s'oppose à l'introduction du principe de la compétence universelle pour certains délits, si ce n'est les lois qui ont proscrit la compétence universelle pour tous les délits.

Rien ne s'oppose à l'introduction d'une exception, si ce n'est les lois qui ont proclamé le principe que l'exception doit détruire.

Ces obstacles sont peu de chose peut-être pour les premiers juges ; cependant ils valaient la peine de l'examen.

———

Qu'ils (les principes de 1616) sont fondés sur la nature même du délit de calomnie écrite :

Ces prétendus principes sont destructifs des règles caractéristiques de tous les délits , du délit de calomnie écrite comme de tous les autres.

En effet, une pareille théorie ne peut être exprimée que par cette proposition : « Le droit de juger le délit de calomnie » écrite appartient à tous les juges, dans » le territoire desquels ce délit n'a point » été commis, où le prévenu n'est pas » domicilié, et n'a pas été arrêté ; car ce » délit ne se commet pas par le fait qui » l'exécute, mais par la connaissance » qu'acquèrent de ce fait les gens les plus » inconnus au calomniateur et au calomnié. »

De pareilles idées n'ont pas besoin de réfutation.

———

Qu'il n'y a aucune comparaison à faire entre les délits ordinaires , tels que le vol , les actes de violence envers les personnes dont la perpétration est nécessairement

Il y a au moins cette comparaison à faire entre le délit de calomnie imprimée et les délits ordinaires , que les uns et les autres ne peuvent exister sans le fait du délinquant, et sans son intention.

Il y a encore cette similitude, que le calomniateur, pas plus que le voleur, ne

Texte du jugement.

circonscrite dans un seul lieu déterminé ; et les délits résultans d'écrits imprimés, qui ont été vendus et distribués avec une publicité qui leur donne partout une nouvelle existence.

Réfutation.

saurait être présent sur plusieurs endroits à la fois, à l'instant où il exécute son délit Il y a en outre cette autre ressemblance, que le calomniateur ne peut pas se multiplier dans plusieurs endroits à la fois, et que s'il n'a pas réitéré plusieurs fois son délit, de manière à être puni plusieurs fois, il ne peut donc pour ce fait être jugé qu'une seule fois, et un seul juge peut avoir le droit de le juger.

Ainsi, il n'est pas exact de dire, avec les premiers juges, qu'il n'y a pas de comparaison à faire ; car jusqu'à ce qu'une loi précise ait déterminé quelles sont celles des règles générales qui ne s'appliquent pas aux délits de calomnie imprimée, il sera vrai de dire que toutes doivent dans ce cas recevoir leur application.

Quant à cette assertion, que les délits de calomnie imprimée sont renouvelés par-tout où leur publicité peut se répandre, les réflexions qui précèdent dispensent de toute autre remarque à cet égard, afin d'éviter d'inutiles répétitions.

Observations.

Attendu que le système suivant lequel la compétence se trouverait concentrée dans la personne du juge du lieu où il convient à l'auteur de faire imprimer et déposer les exemplaires de son écrit, établirait cet auteur seul arbitre de la compétence, puisqu'il dépendrait toujours de sa volonté de choisir le lieu du dépôt :

Ce que les premiers juges remarquent comme un inconvénient propre à prouver l'absurdité du système de l'unité de compétence, est le plus fort argument en faveur de cette doctrine, qui, au surplus, n'est que la doctrine de la loi.

Si l'exécution du délit attribue la compétence au juge du territoire où cette exécution a lieu, il est tout simple que l'auteur, avant d'exécuter le délit, choisisse le terrain où il doit se livrer à cet acte répréhensible ; il est naturel, par conséquent, que l'on considère le choix

Texte du jugement.

Observations.

du juge comme appartenant uniquement à l'auteur.

Ainsi, le choix doit être libre avant le délit, pour la calomnie imprimée comme pour la calomnie verbale ; pour le viol comme pour l'assassinat. Mais une fois le délit consommé ou tenté, tout est désormais fixé d'une manière irrévocable.

Tout cela est dans la nature des choses; au lieu que le choix que la compétence universelle donne à l'accusateur, même après le délit exécuté, est d'une bien autre importance, et tout à fait alarmante pour la sécurité de l'accusé.

Que quant aux incon- véniens qu'on prétend être la conséquence de l'opinion contraire, les uns reposent sur des hy- pothèses qui ne peuvent pas se réaliser, et les autres ont été fort exa- gérés.

Cette réflexion aurait eu besoin, pour être bien saisie, d'être un peu plus développée. Si les premiers juges avaient bien voulu indiquer quels sont ceux de ces inconvéniens qui ne peuvent pas se réaliser, et quels autres sont exagérés, il serait possible d'établir maintenant que telles circonstances peuvent facilement se présenter, et que telles autres ont été présentées sans exagération.

Si l'objection eût été plus précise, la réponse eût été plus courte.

On avait à repousser la compétence universelle et perpétuelle ; on a dû prouver l'inconvénient de l'universalité et celui de la perpétuité.

Pour établir que l'universalité de la compétence est une théorie impraticable, et par conséquent mauvaise, le défenseur a supposé plusieurs poursuites simulta- nément introduites devant plusieurs tri- bunaux par plusieurs plaignans. En ad-

Texte du jugement.   *Observations.*

mettant que l'exorbitante rigueur de
l'arrestation préliminaire employée *in
limine litis* par un juge d'instruction de
Rennes, soit imitée par les autres juges
d'instruction, on a remarqué qu'un prévenu ne pouvant se multiplier au gré de
tous les procureurs du Roi, il est *très-
difficile* qu'il puisse se trouver tout à la
fois dans les prisons de Rennes et dans
celles de Marseille.

On ne croit pas que cette *difficulté
extrême* ait rien d'exagéré, même aux
yeux des premiers juges. Quand on aurait affirmé qu'il y avait *impossibilité absolue*, cette assertion serait-elle exagérée?

Il fallait prouver que la *perpétuité* de
la compétence est une monstruosité. On
a dû prouver qu'elle était contraire à la
loi : démontrer que la conséquence nécessaire d'un système est proscrite par la
loi, c'est prouver que le système lui-
même est inadmissible.

L'article 638 du Code d'instruction
criminelle, établit que tous les délits se
prescrivent par trois ans, à compter du
jour où le délit a été commis.

Le défenseur avait pensé que la perpétuité d'une action correctionnelle excluait la prescription du délit.

Cette idée pouvait paraître exagérée
Le ministère public en première instance a justifié sa doctrine de la manière la plus propre à confirmer l'objection. Il a supposé que dans un
livre de 400 pages, il pouvait y avoir
400 calomnies, terme moyen. L'action
résultant de chacune de ces calomnies
se prescrit, selon lui, à compter du
jour où le livre est arrivé à la connaissance de chaque personne calomniée.
Ceci a paru au ministère public un systè-

Texte du jugement. *Observatinns.*

me simple et juste. On n'insistera pas ici sur la justesse , ni sur la simplicité de ces conceptions. Tout le monde à cet égard peut facilement les apprécier.

On remarquera seulement que si l'auteur ne fait pas signifier son volume à chacune des 400 personnes calomniées, il faudra qu'il attende que la connaissance leur en arrive par les chances ordinaires de la librairie. En supposant que ces 400 personnes ne soient pas domiciliées dans le même endroit , et qu'elles soient séparées par de longues distances, il s'écoulera quelques années ; car il y a beaucoup de villages en France où les plus anciennes et les meilleures productions de la langue n'ont pu encore pénétrer. Qui sait si la prescription a déjà commencé à courir partout pour toutes les calomnies de Despréaux (1).

Avec 400 calomnies, et trois ans de prescription pour chacune, on trouve que la dernière ne peut être prescrite qu'au bout de douze cents ans.

Les premiers juges trouvent cette conséquence exagérée : le Procureur du Roi ne l'avait trouvée que juste et nécessaire, à cause de la grande faveur que méritent les gens qui se plaignent de la calomnie ou de la médisance.

---

(1)   J'appelle un chat un chat , et Rollet un fripon.

Car Mignot, c'est tout dire, et dans le monde entier
Jamais empoisonneur ne sut mieux son métier.

SATIRES DE BOILEAU.

Texte du jugement.

Observations.

Ainsi, le reproche *d'exagération* que les premiers juges adressent aux inconvéniens relevés dans l'intérêt de la défense, tombe de lui-même, et la compétence universelle et perpétuelle reste avec toutes les absurdités qui sont inhérentes à son existence, et qui la repousseront toujours d'une législation raisonnable.

Qu'au surplus ; quelques inconvéniens ne sont pas des motifs suffisans pour autoriser un juge à admettre une exception déclinatoire, lorsqu'en droit il reconnaît que sa compétence est rigoureusement fondée.

Ici, les premiers juges déclarent assez expressément que les inconvéniens relevés ne sont pas tous hypothétiques, impossibles ou exagérés.

C'est déjà beaucoup que cette concession.

Sans doute, lorsque la compétence est fondée, il n'y pas de raison qui puisse empêcher le juge de se déclarer compétent. C'est comme si l'on disait : lorsqu'un juge est compétent, il est compétent. Personne n'avait dit le contraire.

Les premiers juges se sont mépris sur le motif qui avait fait insister sur les *inconvéniens* de la fiction de la compétence universelle. On ne voulait pas les déterminer à admettre un déclinatoire qui leur aurait paru mal fondé, mais seulement leur prouver que le déclinatoire était bien fondé. Ils auraient dû se borner à déclarer que *les absurdités des conséquences d'un système, ne prouvent pas l'absurdité du système lui-même.* Cette idée eût peut être manqué d'exactitude, mais du moins elle eût répondu à l'objection, d'une manière telle quelle.

Texte du jugement.

EN FAIT :

Attendu, dans l'espèce particulière de la cause, qu'il est constant qu'un nombre d'exemplaires du 6.ᵉ volume du Censeur Européen, ouvrage publié sous le nom des sieurs Comte et Dunoyer, ont été vendus et distribués à Rennes :

Observations.

Ceci est bien la vérité, rien que la vérité ; mais pas toute la vérité : pour cela, il faudrait ajouter que l'arrivée, la vente et la distribution du sixième volume du Censeur Européen ont eu lieu sans le fait direct ou indirect, médiat ou immédiat, et à l'insçu même des prévenus, lesquels n'avaient jamais auparavant mis le pied sur le territoire du Tribunal de Rennes.

Que par le fait seul de cette vente, M. Béchu a pu, conformément aux principes ci-dessus posés, porter plainte devant M. le juge d'instruction de l'arrondissement de Rennes, des imputations contenues dans le 6ᵉ volume du Censeur, et qui le concernent :

Quant aux principes dont parle ici le motif, et qui sont indiqués comme ayant été *ci-dessus posés*, on peut ajouter ici qu'ils ont été *ci-dessus réfutés*. Peut-être pourrait-on compléter le sens de la phrase par ces mots : quoique le tribunal de Rennes ne fût ni celui du domicile de M. Béchu, ni celui du domicile de MM. Comte et Dunoyer, ni celui de l'arrestation de M. Dunoyer, ni celui du dépôt du livre, ni celui de sa première mise en vente ; c'est dire que la compétence sous laquelle gémit M. Dunoyer est fondée sur le fait de la diligence qui a apporté le volume, et des libraires qui l'ont vendu.

Qu'il n'est pas nécessaire d'examiner comment sont parvenus à Rennes les exemplaires dont il s'agit : qu'il

On s'est expliqué plus haut sur la commode théorie par laquelle les premiers juges se dispensent d'examiner les points capitaux du procès, en disant simplement qu'il est inutile de s'en occuper. L'examen

Texte du jugement.

suffit qu'ils y aient été vendus et distribués, comme cela résulte des déclarations des libraires entendus au débat, pour que le délit de calomnie dont sont prévenus les sieurs Comte et Dunoyer, soit réputé avoir été commis à Rennes, pour que Rennes soit le lieu du délit, et pour que le tribunal soit compétent:

Observations.

eût été d'autant moins superflu, que M. Béchu, plaignant, ayant fourni lui-même, et tiré de sa poche le volume qui forme le corps du délit, il eût été très possible qu'on découvrît que M. Béchu avait lui-même fait venir de Paris à Rennes les volumes du Censeur qui devaient être distribués dans cette dernière ville. Il eût été très instructif pour les amis de la *compétence universelle*, de voir cette utile compétence non seulement déterminée par le choix du plaignant, mais encore tout à fait créée par une distribution, ouvrage immédiat du plaignant. Par là on aurait pu se convaincre que tout ce que cette théorie sauvage enlève au prévenu de ses droits, de ses moyens de defense, de sa sécurité, de sa liberté, de ses immunités sociales, est très heureusement compensé par tout ce que l'accusateur y gagne de moyens commodes et puissans pour satisfaire sa vengeance, ou celle des hommes qui le font mouvoir.

Qu'il ne lui appartient pas (au tribunal de Rennes) d'examiner si la poursuite n'aurait pas dû plutôt se faire devant le tribunal correctionnel de Paris, lieu du domicile du prévenu, et de la publication du volume, objet de la plainte ; cette question lui étant absolument étrangère :

Mais si ce soin n'appartient pas au tribunal de Rennes, à qui appartient-il donc ? La compétence est une : et si les juges de Rennes reconnaissent que la poursuite aurait dû se faire plutôt à Paris, parce que c'était le lieu du domicile des prévenus et de la publication, *c'est-à-dire du délit*, n'est-ce pas dire que la poursuite n'aurait dû se faire qu'à Paris. En matière de compétence, tout est absolu, et rien n'est relatif : un juge est compétent ou n'est pas compétent du tout. S'il est compétent,

Texte du jugement.

Observations.

il l'est comme tous ceux qui le sont : il ne l'est ni plus ni moins qu'un autre. Il était réservé à la doctrine de la compétence universelle d'occasionner l'émission de cet autre principe, qu'un juge peut être compétent sans l'être tout-à-fait ; qu'il est compétent un peu moins qu'un autre, et que cependant en reconnaissant la préférence due à la compétence d'un autre, il peut persister néanmoins à juger en vertu de sa fraction de compétence.

C'est en effet une chose assez bizarre qu'un tribunal à qui l'on soutient son incompétence, qui reconnaît qu'il n'est ni le tribunal du domicile du prévenu, ni celui du lieu de son arrestation, ni celui de la *publication*, et qui tout en confessant que la *publication* est le véritable délit, se déclare néanmoins compétent, mais d'une compétence secondaire et incomplète. Apparemment que la bonne volonté supplée quelquefois à ce qui manque à la compétence.

———

Qu'il (le tribunal de Rennes) n'a point en effet à rechercher si d'autres juges auraient pu être également compétens :

Un peu plus haut, les premiers juges reconnaissaient que les juges de Paris étaient un peu plus compétens qu'eux. Ici on affirme qu'ils ne sont qu'*également* compétens. Il faudrait pourtant s'entendre. La compétence des juges du domicile, de l'arrestation et de la publication est-elle aussi complète, ou plus ou moins complète que celle des juges qui n'ont aucun de ces trois caractères.

———

Texte de jugement.

Que trouvant sa com-
pétence suffisamment eta-
blie dans l'espèce, son
devoir est de la déclarer;
que d'ailleurs, il n'est pas
dans son pouvoir de se
dépouiller de la connais-
sance d'une affaire dont
il est désormais légale-
ment saisi.

Observations.

C'est-à-dire, que le tribunal se déclare
competent, parce qu'il n est pas incompétent, *et vice versâ.* On n'a point d'objection à faire contre ce raisonnement.

Fin du jugement.

Par tous ces motifs, le tribunal sans s'arrêter aux moyens présentés
et aux conclusions prises par le sieur Dunoyer à l'appui de son déclinatoire dont il est débouté, SE DÉCLARE COMPÉTENT pour connaître
des faits mentionnés dans la plainte, renvoie la cause pour la
continuation du débat au fond, tant à l'égard du sieur Dunoyer
qu'à l'égard du sieur Comte défaillant, au samedi vingt du présent
mois.

Fait et jugé le huit juin mil huit cent dix huit, par MM. DUGUEN,
vice-président, LEGUÉ *et* GARNIER DUPLESSIX, *juges. Présent*
M. *le Procureur du Roi. (*M. JULES BODIN DESPLANTES.*)*

Rennes, 12 *juin* 1818.

MÉRILHOU, *Avocat.*
LUCAS, *Avoué.*

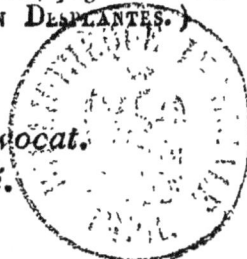

A RENNES, DE L'IMPRIMERIE DE CHAUSSEBLANCHE,
DERRIÈRE LE PALAIS. — 1818.

CONCLUSIONS

MOTIVÉES,

Pour le sieur CHARLES-BARTHÉLEMY DUNOYER, *avocat, domicilié à Paris, rue du Cimetière Saint-André-des-Arts, n.° 18, appelant du jugement rendu, le 8 juin 1818, par la seconde chambre du tribunal de première Instance de Rennes, jugeant en police correctionnelle.*

~~~~~~~~~~~~~~~~

IL PLAIRA A LA COUR,

Vu les considérans et le dispositif du jugement rendu, le 8 juin 1818, par la seconde chambre du tribunal de première Instance de Rennes, jugeant correctionnellement ;

ATTENDU, EN DROIT, qu'il n'est pas vrai de dire, ainsi que l'a fait le tribunal, que le Code d'instruction criminelle, en plaçant le juge du *lieu du délit* dans l'ordre de la compétence, a

abandonné aux tribunaux la faculté de déterminer arbitrairement le *lieu du délit;* que le
lieu du délit est fixé, par les principes du droit
criminel, de la manière la plus précise et la
moins susceptible d'interprétation; que tout délit
supposant nécessairement la réunion d'un fait
prévu et puni par la loi, et de l'intention de
commettre ce fait, le *lieu du délit* est toujours
celui où se manifeste ce concours du fait et
de l'intention; que ce lieu est forcément *unique,*
comme l'individu qui commet le délit, par la
raison que, quand cet individu pourrait, par
l'intention et la pensée, embrasser un vaste espace,
il ne peut, corporellement, agir à la fois qu'en
un seul lieu, et que, par conséquent, ce n'est
qu'en un seul lieu que peut exister cette réunion
du fait et de l'intention indispensable pour constituer le délit; que d'après ce principe, sur lequel
repose toute législation pénale, et qu'il est impossible de contester, il n'est pas de cas où l'on
ne puisse facilement déterminer le lieu du délit,
parce qu'il n'en est pas où l'on n'arrive aisément
à découvrir le point de l'espace où s'est manifesté ce concours du fait et de l'intention qui
donne naissance au délit, et que ce point est
toujours, et de toute nécessité, le *lieu du délit;*

ATTENDU, par suite de ce principe, que, pour connaître le *lieu du délit*, en matière de calomnie, il suffit de bien savoir quel est l'acte que la loi qualifie calomnie, et de chercher ensuite le lieu où l'on a matériellement commis cet acte avec l'intention d'opérer le mal que la loi a voulu prévoir et punir;

ATTENDU que l'article 367 du Code pénal fait consister le délit de calomnie dans l'*imputation*, faite avec le dessein de nuire, de faits ayant un certain caractère que la loi détermine;

ATTENDU que le même article fait consister la *perpétration* de ce délit, lorsqu'il est commis par voie d'écrits imprimés, dans l'action matérielle et opérée méchamment, d'*afficher, vendre ou distribuer* des écrits renfermant des *imputations* de la nature de celles que la loi qualifie calomnieuses;

ATTENDU, par conséquent, que le lieu *du délit*, en matière de calomnie par voie d'écrits imprimés, est précisément le lieu où l'on a fait avec malice cette action d'*afficher, vendre ou distribuer* un écrit renfermant de semblables *imputations*;

ATTENDU que le *lieu du délit* est uniquement

celui où l'on a exécuté cette action , et non point
d'autres , et non point , par exemple , les lieux où
est parvenu l'écrit calomnieux sans la participation de l'auteur; car l'on ne rencontre plus ici le fait
et l'intention, sans lesquels il ne peut exister de
délit ; car le calomniateur n'a pas fait dans les
lieux où son écrit est parvenu sans sa participation , l'action matérielle et opérée avec le dessein de nuire , *d'afficher*, *vendre ou distribuer* ,
dans laquelle la loi fait consister l'exécution du
délit de calomnie par voie d'écrits imprimés ;

ATTENDU que les juges de première instance,
en faisant résulter l'exécution de ce délit de la
publicité des écrits, et non de leur *publication*,
ont entièrement méconnu ces principes, et dénaturé le sens de la loi ; car la loi entend évidemment parler de *publication*, et non de *publicité*;
car elle fait naître le délit de l'action, opérée
malicieusement, *d'afficher*, *vendre ou distribuer*
l'écrit renfermant des imputations calomnieuses,
c'est-à-dire évidemment, de *l'action de publier*
cet écrit, et non de l'effet de cette action , c'est-à-
dire de la *publicité*, dans laquelle on n'apperçoit ni fait, ni volonté, et dont le dégré plus
ou moins grand est ordinairement le résultat
d'actes auxquels l'auteur n'a pas même concouru;

qu'ainsi, ils ont fait naître le délit d'une circonstance complètement étrangère à ce qui constitue
la criminalité, c'est-à-dire, d'une circonstance
dans laquelle on ne retrouve ni fait, ni intention, deux choses dont le concours est pourtant
indispensable pour donner naissance à tout
délit ;

ATTENDU que c'est par suite de ce principe faux,
que le délit *prend son existence dans la publicité*, tandis qu'il naît de la *publication*, qu'ils sont
tombés dans la conséquence absurde que ce délit
se renouvelle partout où l'écrit *devient public*,
même sans la participation de l'auteur ; d'où il
suivrait que l'auteur se rend coupable dans des
lieux où il n'a rien fait de ce qui peut constituer
un délit, dans des lieux où il n'a exécuté aucun
fait ni manifesté aucune intention, dans des
lieux où non seulement il n'a pas *affiché*, *vendu
ou distribué* son ouvrage, ainsi que la loi l'exige
pour qu'il y ait délit, mais dans lesquels même
il n'a jamais songé à l'envoyer ; d'où il suivrait
que, quand un étranger répand l'écrit, même à
l'insçu de l'auteur, c'est l'auteur qui se rend
coupable ; d'où il suivrait que le premier venu
peut, sans qu'il soit possible à l'auteur de l'empêcher, le rendre criminel, autant de fois et en

autant de lieux qu'il lui plaît ; d'où il suivrait
que l'auteur peut renouveler son crime pendant
son sommeil, dans l'état de démence, dans mille
lieux où il n'est pas, et dont il ignore même les
noms ; d'où il suivrait qu'en *affichant*, *vendant*
ou distribuant son écrit dans un seul lieu, il est
sensé *l'afficher*, *le vendre*, *le distribuer* par
toute la terre, partout où des mains inconnues,
ennemies, jugeront convenable de le répandre,
partout où on le distribuera, non seulement sans
sa participation, mais à son insçu, mais contre
sa volonté ;

ATTENDU que c'est du même principe faux,
savoir que le délit *prend son existence dans la*
publicité, et que par suite il se propage et se
renouvelle partout où l'écrit *devient public*,
que les juges de première instance sont arrivés
à cette seconde conséquence non moins absurde,
que les tribunaux de tous les lieux où il *est rendu*
public, sont également et simultanément compétens pour en connaître ;

ATTENDU que leur décision ne répond à aucune
des objections graves qui ont été faites contre ce
système d'une compétence universelle, pour juger
un seul et même délit ;

ATTENDU qu'il n'est pas vrai de dire qu'il y a des règles sûres et des voies légales pour faire cesser la concurrence qui peut s'élever entre plusieurs tribunaux pour juger ce délit ; que si ces tribunaux sont également compétens pour en connaître, et qu'ils aient tous entamé des poursuites le même jour, il n'y a évidemment que le sort qui puisse décider à qui on attribuera le droit de les continuer ;

ATTENDU d'ailleurs qu'il peut y avoir concurrence entre ces tribunaux, non seulement à l'occasion d'un même délit de calomnie, auquel cas on pourra attribuer le droit de continuer les poursuites à celui qui les aura le premier commencées ; mais encore à l'occasion de plusieurs délits commis par la publication du même ouvrage, auquel cas il ne pourra plus y avoir lieu à la *même préférence*, auquel cas les poursuites entamées par un tribunal contre un délit, ne pourront empêcher qu'il n'en soit commencé par un autre tribunal contre un autre délit, auquel cas, par conséquent, plusieurs tribunaux pourront se disputer le même individu, sans qu'il y ait moyen de décider auquel on attribuera le droit de le poursuivre le premier ;

ATTENDU, d'une autre part, que le système

de la compétence universelle donne à quiconque se prétend lesé par un ouvrage le moyen d'en faire poursuivre l'auteur devant tel tribunal qu'il lui plaira de choisir, puisqu'il lui suffira d'envoyer cet ouvrage dans le ressort de ce tribunal, pour que l'auteur en devienne à l'instant justiciable ; que, par conséquent, ce système place dans les mains des individus et des agens de l'autorité un moyen de persécution intolérable ; qu'il n'est pas vrai de dire que le système contraire rend l'auteur du délit de calomnie écrite, arbitre de la compétence, puisqu'avant le délit, il n'existe pas encore de compétence, et qu'après le délit, il ne dépend plus du délinquant de la déplacer ; qu'à la vérité, il dépend d'un auteur de choisir le lieu où il publiera son livre ; mais qu'il est absurde de conclure de ce qu'un individu peut choisir le lieu où il exécutera un fait, que chacun doit avoir le droit de choisir le juge qui pourra connaître de ce fait ;

ATTENDU, par dessus tout, que le système de la compétence universelle met l'auteur du délit de calomnie écrite dans l'impossibilité manifeste de prescrire ce délit, puisque ce délit se renouvelant par tout où l'écrit est rendu public, la prescription ne peut commencer à courir dans chaque lieu, qu'à dater du moment où l'écrit y est publié, et qu'un écrit ne parvenant jamais partout, il est impossible qu'après plusieurs siècles, il ne se trouve pas des lieux où il ne sera pas encore parvenu, et par conséquent des lieux où la prescription n'aura pas encore commencé à courir; que dire vaguement, ainsi que l'a fait le tribunal, que ces inconvéniens sont exagérés ou reposent sur de frivoles hypothèses, non seulement ce n'est rien dire du tout, mais c'est dire le contraire de la vérité, puisqu'il n'est pas vrai que ces hypothèses soient frivoles, ou ces inconvéniens exagérés; puisqu'il est très naturel de supposer que, si le délit prétendu pour lequel on nous poursuit à Rennes, était prescrit dans le ressort de ce tribunal, les auteurs des poursuites, surtout si leur modération était moins grande, les porteraient devant d'autres juges, sur le territoire desquels notre ouvrage serait parvenu plus tard, et où, par conséquent, la prescription ne serait pas encore acquise.

ATTENDU enfin qu'il n'est point historiquement exact de dire que le système de la compétence universelle, pour le délit de calomnie écrite, fut admis dans l'ancienne législation; que dans l'espace de six siècles, les annales de la juris-

prudence ne présentent qu'un seul arrêt confor-
me à cette doctrine, et qu'encore cet arrêt se
trouve dans un recueil fort peu digne de confiance;
qu'à la vérité, il est quelquefois arrivé que des
écrits publiés dans un lieu, ont été condamnés
dans un autre lieu, mais qu'en pareil cas, c'était
à l'ouvrage et non à l'auteur qu'on faisait le procès ; que l'idée de rendre les auteurs justiciables
de tous les tribunaux où parviennent leurs ouvrages est une doctrine toute nouvelle ; que
personne au monde ne s'en était avisé avant les
deux ministres et le noble pair votant habituelle-
ment avec le ministère, qui l'ont mise en avant,
à la dernière session des chambres ; qu'à la vérité,
une demoiselle Aniche, loueuse de chaises dans
l'une des promenades de Bordeaux, a manifesté
un moment, l'année dernière, l'idée de citer les
rédacteurs du Mercure, qu'elle accusait de l'avoir
calomniée, devant les tribunaux de sa ville ; mais
que ces écrivains avaient un bureau de distribution à Bordeaux, et que, malgré cette circonstance, la loueuse de chaises a bientôt abandonné
son projet ; de sorte que le système de la compétence universelle n'a pas même en sa faveur
l'autorité de Mlle Aniche ; qu'ainsi la décision par
laquelle le tribunal de première instance a consacré ce déplorable système, est également con-

traire à l'ancienne et à la nouvelle jurisprudence ; que, dans tous les temps, on a appelé *lieu du délit*, le lieu où l'on fait, avec le dessein de nuire, l'action que la loi qualifie délit ; que ce lieu a toujours été *unique*, parce qu'on n'a jamais pu exécuter un acte qu'en un seul lieu à la fois ; que par conséquent il n'y a jamais eu qu'un seul juge du lieu du délit ; que cela est vrai pour le délit de calomnie écrite, comme pour tout autre délit, parce que la *perpétration* de ce délit consiste dans l'exécution, opérée avec intention de nuire, d'un certain acte que la loi définit, et que cet acte ne peut être exécuté qu'en un seul lieu à la fois.

EN FAIT,

ATTENDU que le sixième volume du Censeur Européen a été publié à Paris ; que si ce volume renferme des imputations calomnieuses, c'est à Paris que ces imputations ont été rendues publiques ; que, par conséquent, c'est à Paris qu'a été consommé l'acte dans l'exécution duquel l'article 367 du Code pénal fait consister la *perpétration* du délit de calomnie écrite ; que, par conséquent, si cet acte a donné naissance à un délit, c'est Paris qui est *le lieu de ce délit* ;

que, par conséquent, ce sont les juges de Paris qui sont les *juges du lieu du délit*;

ATTENDU que le sixième volume du Censeur Européen n'a point été publié à Rennes; que si ce volume renferme des imputations calomnieuses, ce n'est point à Rennes que ces imputations ont été rendues publiques; que, par conséquent, ce n'est point à Rennes qu'a été consommé l'acte dans l'exécution duquel l'art. 367 du Code pénal fait consister la *perpétration* du délit de calomnie écrite; que, par conséquent, si cet acte a donné naissance à un tel délit, ce n'est point la ville de Rennes qui est *le lieu de ce délit*; que, par conséquent, ce ne sont point les juges de Rennes qui sont *les juges du lieu du délit*;

ATTENDU que traduire les auteurs du Censeur Européen devant les tribunaux de Rennes, parce qu'un certain nombre d'exemplaires du volume renfermant les imputations prétendues calomnieuses, ont été distribués, à leur insçu, dans cette ville, c'est les traduire devant ces tribunaux pour un acte auquel ils n'ont concouru ni de fait, ni d'intention; pour un acte, par conséquent, qui n'est point délit, qui n'existe pas même relativement à eux; que c'est méconnaître ce principe fondamental de toute législation pénale, qu'il n'y a de délit que là où l'on a commis un fait, et manifesté par ce fait une intention criminelle; que c'est enfreindre notamment, et de la manière la plus ouverte, l'article 367 du code pénal qui veut qu'il n'y ait de délit de calomnie écrite que là où l'on a fait, avec intention de nuire, l'action *d'afficher*, *vendre*, *distribuer*, ou plus brièvement, l'action de *publier* un écrit renfermant des imputations calomnieuses ;

ATTENDU que dire, ainsi que l'a fait le tribunal, qu'il est inutile d'examiner si les auteurs du Censeur Européen ont éxécuté cette action à Rennes, pour savoir s'ils y ont commis le délit de calomnie qu'on leur impute, c'est dire que pour savoir si l'on a commis un délit dans un certain lieu, il n'est pas besoin d'examiner si l'on a fait dans ce lieu ce qui est indispensable pour donner naissance à tout délit, c'est-à-dire, si l'on y a exécuté un fait, et manifesté une intention ; qu'avancer que les auteurs du Censeur Européen ont commis un délit de calomnie à Rennes, parce qu'on y a vendu et distribué, à leur inçu, quelques exemplaires de l'ouvrage renfermant les imputations qu'on qualifie de calomnieuses, c'est avancer qu'ils ont commis un délit à Rennes, sans y avoir exécuté aucun fait, ni manifesté aucune intention ; que conclure de cette assertion inouie que Rennes est *le lieu du délit* qu'on leur impute, et que les juges de Rennes sont *les juges du lieu du délit*, c'est tirer d'un principe absolument faux la conséquence la plus dénuée de raison et de justice......

ANNULLER la décision des juges de première instance , l'Ordonnance de la Chambre du Conseil du 18 avril dernier qui les a saisi de l'affaire, ainsi que les mandats décernés par le Juge d'Instruction, et Ordonner la mise en liberté du prévenu.

Ce sera justice.

A la maison d'arrêt de Rennes, le 12 juin 1818.

DUNOYER.

LUCAS jeune, Avoué.

A RENNES , DE L'IMPRIMERIE DE CHAUSSEBLANCHE, DERRIÈRE LE PALAIS. — 1818.

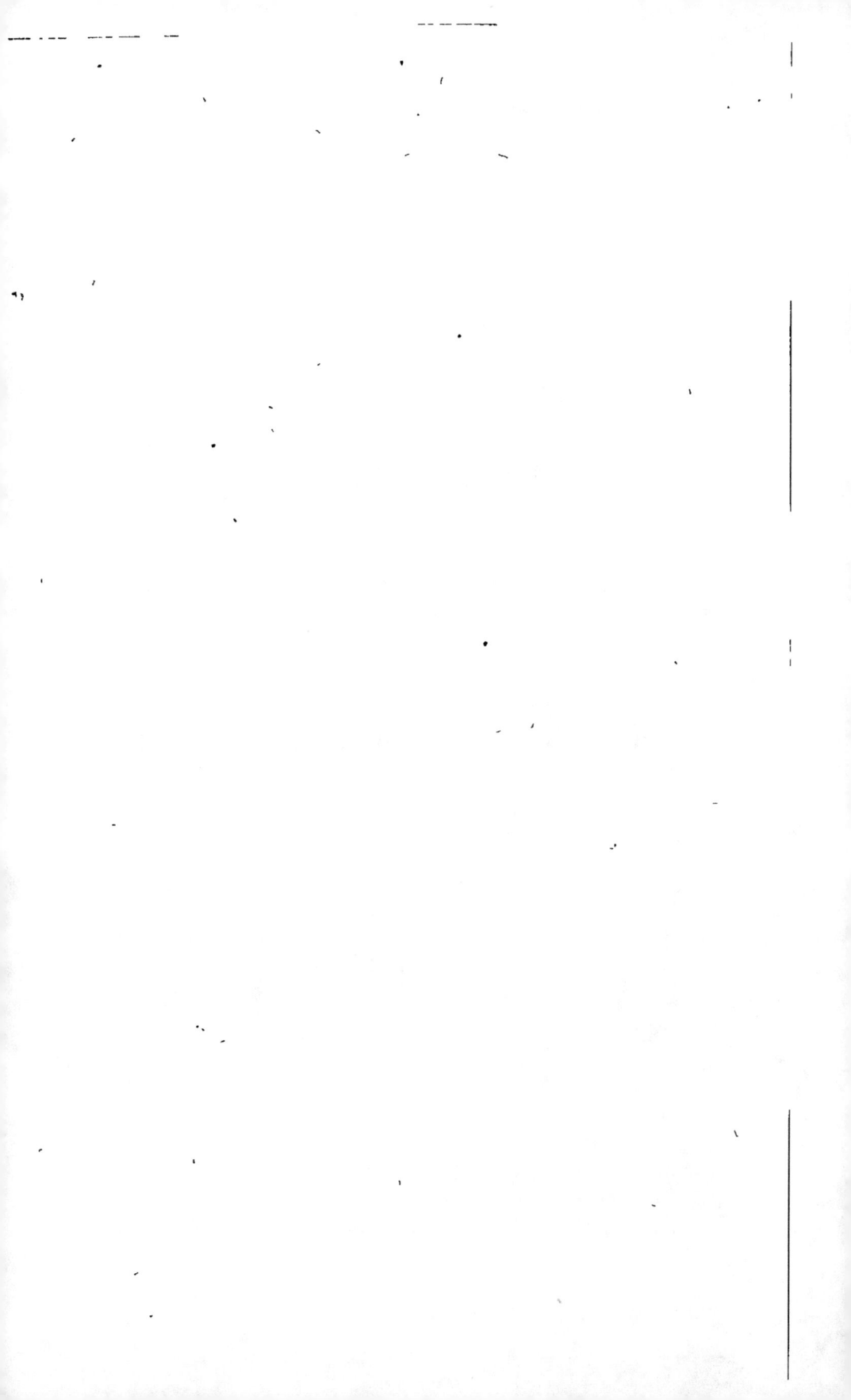

MÉMOIRE

A CONSULTER.

Quel est le *lieu* où se commet un délit de la presse?

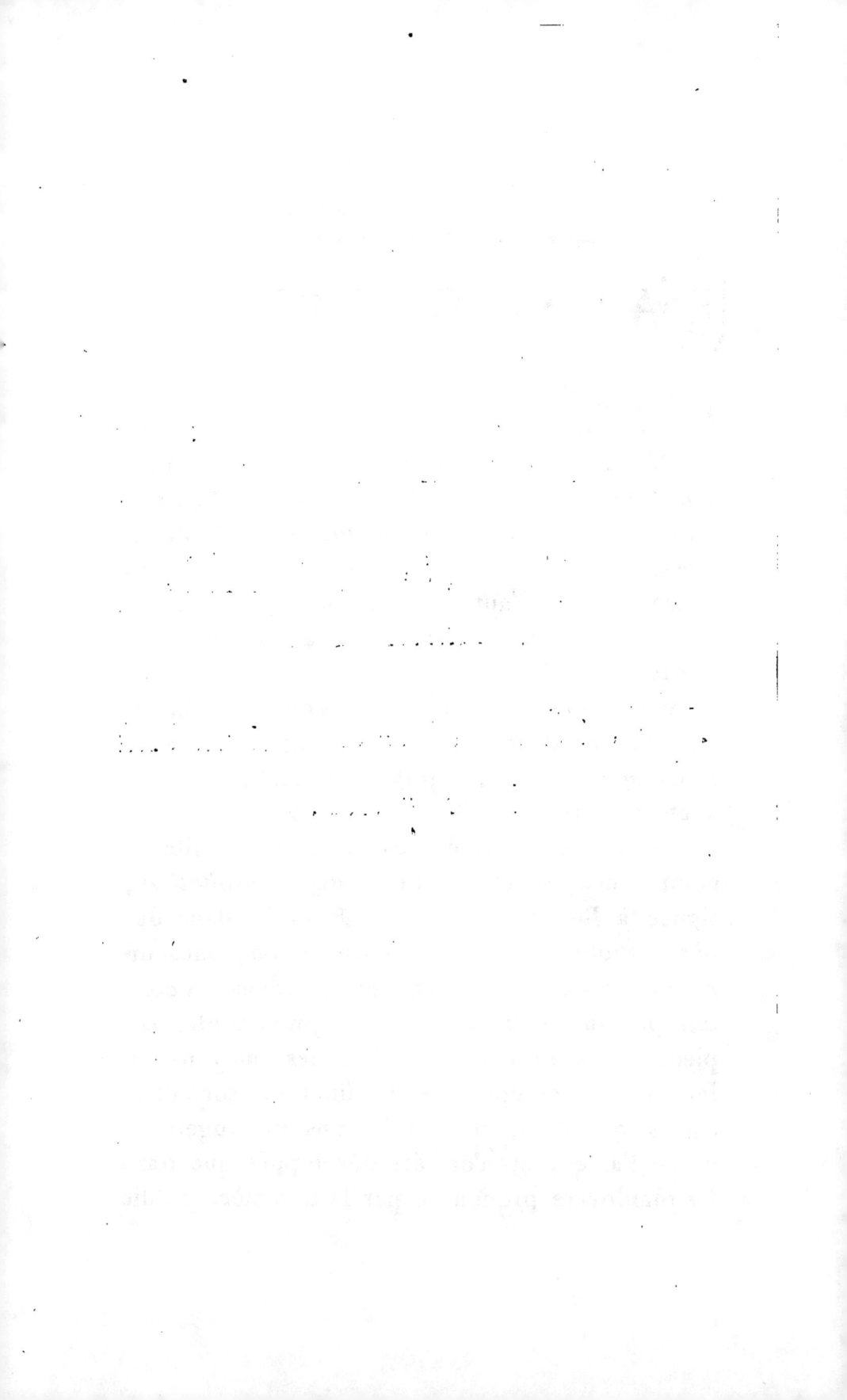

MÉMOIRE A CONSULTER.

LA question que l'on va examiner vient d'être
décidée à Rennes; elle est maintenant soumise
à la Cour de Cassation. Les auteurs du Censeur
Européen soutiennent que *le lieu du délit* de la
presse est celui où l'ouvrage *a été publié*, c'est-
à-dire, celui où l'auteur *en a fait la publication*,
celui où l'éditeur a livré pour la première fois
l'écrit au public.

Le tribunal de Rennes, au contraire, a vu
LE LIEU *du délit dans tous* LES LIEUX *où l'écrit
s'est répandu*, et son jugement rendu le 8 juin
a été confirmé le 13 par la Cour Royale.

Les raisons de décider en faveur de l'unité de
compétence, se trouvent dans une *consultation*,
signée à Rennes les 27 et 28 mai, dans des
observations lues à l'audience du 30, dans un
plaidoyer prononcé le même jour, et dans des *conclusions* motivées prises le 13 juin; toutes ces
pièces sont imprimées. Mais les moyens en
faveur de la compétence indéfinie, ne sont con-
signés que dans les considérans du jugement
et de l'arrêt, et n'ont été développés que dans
les plaidoyers prononcés par le ministère public

aux audiences des 6 et 13 juin ; cependant pour les apprécier il faut pouvoir les lire. On va donc, après avoir rappelé succinctement ce que le ministère public avait à réfuter, rechercher tous ses argumens avec la plus scrupuleuse attention (1).

De quelque nature qu'ils soient, il faut les examiner tous. La facilité qu'ont montrée certains esprits à aller de l'un à l'autre, et à s'arrêter quelquefois à ceux qui paraissaient les moins propres à séduire, ne permet pas de faire autrement ; et d'ailleurs, sur quelque sujet que ce soit, l'esprit ne se décide avec une pleine confiance, que lorsqu'il croit connaître tout ce qui peut être opposé à l'opinion vers laquelle il penche. Souvent dans les débats judiciaires, les objections faites contre un avis sont précisément ce qui entraîne la conviction en sa faveur.

§. 1er.

Quelle est la question ?

Il s'agit de savoir quel est le lieu où se commet la calomnie écrite, afin de connaître quel

_____

(1) Quand les deux magistrats qui ont porté la parole se seront rencontrés, on ne le fera pas remarquer ; mais ce que l'un d'eux, seulement, aura dit, sera indiqué par le jour de l'audience. Quant au jugement et à l'arrêt, ils sont imprimés. On avertit aussi que les articles cités sans indication n'appartiennent qu'au code d'instruction criminelle ou au code pénal.

est le *juge du lieu du délit*. La question prend une grande importance, quand on réfléchit qu'elle est la même pour *tous les délits de la presse.*

Le ministère public a trouvé qu'on parlait mal à propos de ces derniers ; il n'a voulu appliquer sa théorie qu'au délit de calomnie ; mais il n'expliquait pas comment il était possible de distinguer entre l'écrit *calomnieux* et l'écrit *séditieux*, pour savoir si le délit se renouvelle partout où les écrits se répandent, ni en quoi il était bon de favoriser l'intérêt d'un simple particulier, dans la réparation d'un délit légèrement puni, beaucoup plus que l'intérêt de la société et de la majesté royale, dans la réparation de délits beaucoup plus graves. Quoiqu'il en soit, il a cherché à *particulariser* la question. Rien de plus simple, mais il ne devait pas changer *l'espèce*, ce qui n'est jamais sans inconvénient. Et pourtant (le 6 juin) il a réduit la question à savoir si M. Béchu ne pouvait pas traduire ses calomniateurs à Rennes ? Or, ce n'est point M. Béchu qui a *traduit* ou *poursuivi*; c'est M. le procureur du Roi seul ; on ne traduit qu'en *citant* soi même ; M. Béchu n'a fait que rendre *plainte* à M. le procureur du Roi, c'est ce qu'il pouvait faire, si bon lui semblait, en écrivant circulairement à tous les *officiers de police judiciaire* du

Royaume , (64) sauf à chaque juge d'instruction à qui la plainte serait parvenue, à la renvoyer au juge compétent, comme un *renseigne-
ment* ou une *dénonciation;* (69, 29, 48, 5o, 54.)
ce n'est que lorsque le plaignant veut en même
tems *se constituer partie civile devant le juge
d'instruction*, que la loi ne lui donne que trois
juges à choisir ; (63) la différence d'espèce est
donc sensible. L'inconvénient ne l'est pas moins.
Quelques journaux croyant que c'était M. Béchu
qui avait *traduit*, et qu'il avait traduit devant le
juge de son domicile, ont cherché à démontrer que
s'il était effrayant de permettre à tous les procureurs du Roi de *poursuivre* concurremment le
même individu, il était convenable de donner
au calomnié le droit de venger sa propre
injure devant le juge de son propre domicile ;
c'était précisément l'exception proposée dans un
projet de loi récemment rejeté. On peut donc
craindre que la faveur attachée par quelques personnes à l'exception qui permettrait au calomnié de porter sa demande devant son juge naturel,
ne soit accordée ici à la prétention du ministère
public de porter son action devant tel tribunal
qu'il voudrait choisir, prétention que les ministres, les chambres et l'opinion publique ont
unaniment considérée comme injuste et dangereuse, dans le cas même où elle pût être fondée
, sur quelques subtilités de droit.

§. 2.

Argument pour l'unité de compétence.

On peut les rattacher tous aux points suivans :
1.° La loi criminelle ne reconnaît que trois
juges du même délit ; faire qu'il soit possible
d'en supposer un plus grand nombre, c'est la
violer. Il n'y a qu'un seul juge du domicile,
qu'un seul à pouvoir juger par voie de *capture*,
qu'un seul aussi à pouvoir se dire juge du *lieu
du délit*; et en effet, toujours la loi répète, *le
juge* (et non pas les juges), du lieu (et non
pas des lieux) du délit (23, 47, 63, 69, 462) ; d'où
il suit qu'on pourra bien disputer sur le véritable lieu du délit, mais qu'il faudra toujours
finir par ne reconnaître qu'un seul juge véritá-
blement compétent, *ratione loci* ; d'où il suit
encore que du moment où un tribunal aura pu être
justement qualifié juge du lieu du délit ; le doute
ne pouvant plus s'élever, il aura épuisé l'application de la loi, et exclu tout autre juge.
2.° Le délit de calomnie consiste dans *l'imputation* calomnieuse *devenue publique*. La *publication* de l'écrit est donc un action nécessaire
à l'imputation, pour que celle-ci soit un délit ;
mais cependant la *publication* n'est pas le délit ;
encore moins la *publicité* ; qui n'est que l'effet

de la *publication*. D'où il suit que le lieu du
délit est irrévocablement celui où l'imputation a
commencé à devenir publique par l'action de
la publication ; et si l'écrit imprimé indique au
même lieu les domiciles de l'auteur, de l'imprimeur, de l'éditeur; si l'on ne conteste pas que
c'est dans ce même lieu que l'écrit a été vendu
et distribué pour la première fois ; et surtout
qu'il a été légalement *déposé*, ce que le ministère public et les tribunaux avaient jusqu'à présent regardé comme une publication légale, il
ne peut s'élever de doute sur le véritable lieu
du délit.

3.º Prétendre que le délit se renouvelle partout
où l'écrit se répand, ce serait prendre les conséquences du délit pour le délit lui même, ce
serait voir le délit dans un fait qui n'est pas
personnel au délinquant, qui existe à son *insçu*,
auquel il n'aurait participé ni de fait, ni d'intention.

4.º D'une compétence indéfinie, résulterait
l'intolérable abus de donner concurremment à
un nombre indéterminé de procureurs du Roi et de
juges d'instruction, le droit de *poursuivre* et *d'arrêter* le même individu pour le même fait.

5.º Il en résulterait encore *l'imprescriptibilité*
des délits de la presse.

Le ministère public n'a réfuté le premier

raisonnement qu'en le traitant de subtil et d'abstrait, ou en critiquant la manière dont il était exposé dans la consultation. (1) Voici à quoi se réduit ce qu'il a opposé à tout le reste.

§. 3.

Systéme de la compétence indéfinie.

On convient que dans la calomnie le seul délit à punir c'est *l'imputation* ;

Que l'imputation est un *fait unique*, (6 juin) *indivisible*. (13 juin.)

Mais c'est *la publicité* qui *fait* la calomnie. Or le dépôt des cinq exemplaires n'est pas une *publication* légale ; et la publicité ne consiste pas seulement dans une première et unique vente; les ventes qui la suivent sont de même nature, et doivent avoir le même effet.

Elles ne sont pas des délits par elles-mêmes, mais elles *renouvellent* le premier.

Il est vrai que pour être coupable d'un délit

_____

(1) On ne répondra à cette critique que dans la note *A.*, V. à la fin du mémoire. Ce n'est pas que le ministère public n'ait qualifié les erreurs qu'il a relevées de *capitales* et de *fondamentales*, mais on n'a pu se déterminer à retarder la discussion pour des négligences de rédaction, qui en les supposant réelles, peuvent être corrigées dans un errata de deux lignes, sans affaiblir en rien les motifs des consultans.

il faut *y participer* de *fait et* d'*intention* : mais ici, pour attribuer le délit renouvelé par la vente à l'auteur de l'imputation, il n'est pas besoin de prouver sa participation à la vente ;

Parce que pour qu'il n'en fût pas ainsi, il faudrait que la loi le dit expressément. (13 juin.)

Parce que l'imputation de l'auteur étant la *cause immédiate* de tous ces délits, il y a *connexité*. (6 juin.)

Parce qu'au surplus l'auteur désire toujours à son livre la plus grande publicité possible ; et voilà une *intention* toujours subsistante, qui servira à toutes les ventes postérieures. Quant au *fait*, l'auteur est *intellectuellement* partout où se trouve son écrit. (13 juin.)

Parce qu'enfin l'auteur ne pouvant arrêter la calomnie que par un *désaveu* ; son silence doit le faire considérer comme ayant toujours voulu tous et chacun des faits de publicité. (13 juin.)

La calomnie est donc un délit *multiple*, c'est-à-dire un délit qui ne se punit que dans l'auteur de l'imputation, fait unique, mais qui se multiplie par tous les faits de publicité. (6 juin.)

La calomnie est donc un délit *unique*, *indivisible*, c'est-à-dire, qui renaît identiquement le même dans tous les actes de propagation (13 juin) ;

Parce que l'écrit calomnieux est *le corps*

materiel du délit, *existant* partout où se trouve un exemplaire. (13 juin.)

D'où il suit que la calomnie a autant de lieux et de dates qu'il existe d'actes différens de publicité.

D'où il suit que le juge qui aura *constaté* le corps du délit, sera compétent pour juger le délinquant ; et qu'il pourra faire venir l'auteur devant lui, fût-il à 200 lieues, pourvu toutefois qu'il ne soit pas dans les colonies.(13juin)

Et cependant il n'y aura jamais *qu'un juge* du lieu du délit, car il n'y aura jamais qu'un seul juge à prononcer sur la culpabilité, ce qui multiplie la compétence, il est vrai, mais sans multiplier le juge compétent ; la règle *non bis in idem* devait ôter toute espèce d'inquiétude à cet égard.

On ne pourra pas dire non plus qu'il est impossible d'appliquer la prescription, puisqu'au contraire, il y aura autant de prescriptions particulières qu'il y aura de lieux différens où l'écrit aura été *affiché*, *vendu*, *distribué*, *répandu*; ce qui, loin de détruire la prescription, la multiplie.

Le ministère public a proposé ensuite beaucoup d'analogies et d'hypothèses pour faire comprendre sa doctrine ; mais si, le 6 juin, il n'a songé qu'à la faire recevoir par *l'autorité* de certaines opinions, le 13, il lui a donné quelques développemens précieux;

il s'agit de l'étudier dans ses principes un peu plus qu'on ne l'a fait, on examinera ensuite ses conséquences.

§. 4.

Examen des principes du systéme de la compétence indéfinie.

1. *Le délit à punir est l'imputation.*

C'est le texte de la loi : « Sera coupable du
» délit de calomnie *celui qui*, dans un écrit qui
» aura été affiché, vendu ou distribué , *aura*
» *imputé* à un individu quelconque des faits
» qui......... l'exposeraient à la haine ou au
» mépris des citoyens ». (367.)

2. *L'imputation est un fait unique, indivisible.*

Soit : le ministère public convient que pour qu'il y ait délit, il faut et *l'intention* et le *fait*; qu'ici l'imputation est le seul délit, et que les faits postérieurs de *propagation* sont le plus souvent étrangers à l'auteur ; il en résulte , en effet, que la publication n'est qu'une *circonstance* du délit , qui, toute nécessaire qu'elle est, n'est pas le délit même ; que les faits ultérieurs de *publicité* et de *propagation* ne sont que les suites de cette circonstance ; et que si les suites et les conséquences d'un délit ne sont pas le délit lui-même , la multiplicité des faits de publicité ne doit pas détruire ici l'unité de l'imputation, restée la même dans un même écrit.

3. *C'est la publicité qui fait la calomnie.*

Ici on commence à être moins exact ; ou du
moins il est très important de s'entendre. On
vient de dire que l'imputation seule est le délit ;
il faut donc bien se garder de prendre la *publicité* ou les faits qui propagent cette publicité
pour le délit. D'un autre côté, la *publicité* n'est
manifestement que l'effet de la *publication.*
L'article 367 sur la calomnie, ne parle, il est
vrai, ni de publication, ni de publicité ; mais
la loi du 21 octobre 1814, art. 10, porte : « les
» auteurs et imprimeurs pourront requérir
» avant la *publication* qu'il soit examiné, etc. »
On ne dit pas avant la *publicité.* Il faut donc
définir ainsi : la calomnie écrite est l'imputation faite dans un écrit *qui a été publié*, c'est-
à-dire, qui a été *affiché*, *vendu* ou *distribué* ;
d'où il suit, que la publicitation est, comme on
vient de le remarquer, la *circonstance*, le fait
qui consomme le délit ; et la publicité est le
caractère que doit avoir l'écrit. On sentira bientôt
l'utilité de ces définitions, et la nécessité de l'exactitude.

4. *La publicité ne consiste pas seulement dans
une première et unique vente. Celles qui la suivent sont également des faits de publicité, et doivent avoir le même effet.*

Les nouvelles ventes sont, il est vrai, la propagation de la publicité; mais qu'on y prenne bien garde, elles ne sont pas des *publications ;* la publication est le fait qui a livré l'écrit au public. Ensuite la loi ne dit pas : « sera coupable de » calomnie celui qui *vend* ou *distribue* un écrit » injurieux, » mais elle dit : celui qui *aura imputé* dans un écrit qui *aura été* vendu ou distribué ; la loi ne s'attache donc à la vente, que pour y chercher l'action de la publication, action nécessaire pour que l'imputation reçoive un dernier caractère, et devienne un délit. Mais cette action une fois achevée, l'imputation n'a plus rien à recevoir, et s'il suffit qu'une seule vente ait été faite pour que l'imputation soit punissable, la première vente a fait de l'imputa-tion tout ce qu'elle peut être. De ce moment, l'imputation ne peut plus perdre le caractère de calomnie, mais aussi elle ne pourra jamais être plus délit qu'elle ne l'était au moment de cette première vente.

Sans doute, encore les ventes ultérieures con-sidérées en elles-mêmes, sont de même nature que la première ; mais celle-ci n'était pas le délit : elle n'a servi qu'à prouver que l'écrit était dans le cas de la loi, c'est-à-dire, *qu'il avait été vendu,* les autres n'ajouteront rien à la force légale du premier fait.

Au surplus, on ne dit pas qu'un ouvrage a

été publié dans *tous les lieux* où il a passé , mais seulement dans celui où son éditeur le fait imprimer et a commencé à mettre l'édition en circulation ; et les lois et réglemens qui ordonnent aux imprimeurs et aux libraires de déclarer le lieu où l'ouvrage sera publié , ne parlent que du lieu de l'impression et du magasin du libraire éditeur.

Quant au *dépôt*, on ne veut pas qu'il soit une publication légale en matière de calomnie , et qu'il en fixe la date et le lieu , parce que l'article 16 de la loi du 21 octobre 1814 exige que le dépôt *précède* la *publication*, ce qui suppose que ce n'est pas la même chose. Cependant , rien de plus exact que les citations faites à cet égard , des jugemens rendus contre celui là même qui s'attache aujourd'hui à ce point de jurisprudence ; jusqu'à présent elle n'avait point été abandonnée par le ministère public. (1)

5. *Les ventes postérieures ne sont pas des délits , mais elles le renouvellent.*

Sans doute elles ne sont pas des délits , la loi ne permet pas de dire autrement , aussi l'on ne poursuit point les vendeurs et les distributeurs de Rennes ; ils ne sont que témoins dans le procès. Mais il ne faut donc pas dire que la

---

(1) Voyez note *D.*

vente *renouvelle* le délit, car s'il est des délits
qui se renouvellent, qui se répètent, qui se con-
tinuent, il n'en est pas où la continuation puisse
être imputée au premier auteur, si le fait de
continuation n'est pas un délit par lui-même.
Et c'est ce qu'il ne faudra pas perdre de vue.

6. *Il n'est pas besoin que l'auteur de l'imputation participe à la vente pour que le délit se
renouvelle.*

Cela ne répondrait pas à l'observation précédente ; si la vente n'est pas elle-même un délit,
elle ne peut pas renouveler le délit ; mais c'est
une erreur plus grave encore de croire que le
délinquant puisse continuer ou renouveler son
délit, quand il a cessé d'y participer de *fait et
d'intention* ; quand la continuation n'est pas son
fait *personnel*. Les plus simples notions d'équité,
la raison et la loi ne permettent de punir l'homme
que pour ce qu'il a voulu faire, et pour ce qu'il a
fait ; pour sa propre volonté jointe à sa propre
action.

Non, dit le ministère public, *il faudrait
que l'art.* 367 *proscrivit expressément cette réperpétration, telle que nous l'entendons. Le point
était assez important* (13 juin).

Mais n'est-ce pas précisément le contraire qui
est vrai? Mais la loi qui connaît le *concours*,

la *connexité*, la *récidive* des délits, connaît-
elle leur *réperpétration ?*

*Eh bien ! il faut considérer l'imputation comme
la cause immédiate de tous les délits subséquens ;
il y a* CONNEXITÉ.

Mais la *connexité* des délits suppose plusieurs
délits, et le ministère public et le jugement
répètent qu'il n'y a de délit que dans l'imputation,
que les ventes n'en sont pas; et l'on a in-
venté le délit multiple et indivisible pour expliquer comment il n'y avait qu'un délit.

*Eh bien ! il y a participation de fait et d'in-
tention. Le désir de la célébrité est une* INTENTION
permanente dans l'auteur ; et son livre, c'est lui.

C'est reconnaître au moins qu'il faut prouver
la participation, puisque l'argument n'est qu'un
moyen plus ou moins ingénieux de suppléer à
cette preuve. Quoi qu'il en soit, il faut examiner
un raisonnement qui est passé dans le jugement
du 8 juin et dans l'arrêt du 13.

L'auteur ne publie, dit-on, que pour donner
de la publicité à son ouvrage. Sans contredit ;
mais on en conclut que toutes les ventes sont
tellement son *fait personnel*, qu'il recommet son
délit partout où elles ont lieu : c'est aller un peu
loin. Le ministère public n'a-t-il pas observé lui-
même (13 juin) que le voleur ne *réperpétre* pas
son vol partout où il vient jouir et disposer *lui-*

même de la chose volée : cependant il n'a cherché que le *lucre*. De même, celui qui vend une
marchandise de mauvaise aloi, ne *recommet* pas
son délit partout où les acheteurs l'ont revendue.
Que l'on considère ceux-ci comme des *commis-
sionnaires*, le *mandant* ne saurait être poursuivi,
dans le lieu où son mandataire aura vendu, que
ratione connexitatis, parce qu'ici c'est la vente
qui serait le délit, et que le mandataire lui-même
serait coupable et serait poursuivi.

D'Argentré demande où s'est commis le crime,
quand l'un a donné l'ordre d'assassiner et que
l'autre a assassiné. Il répond qu'il y a deux crimes, l'un dans le mandat, et l'autre dans l'exécution, et que le juge du lieu du mandat
est seul compétent *ratione loci* pour juger le
mandant ; mais que la connexité rend convenable
de laisser au même juge la connaissance des deux
crimes (1) ; *à fortiori*, eût-il vu l'unique lieu du
délit dans le lieu du mandat, si ce mandat était
l'unique délit.

Le désaveu peut seul empêcher le délit de ca-

---

(1) *Natura docet duo esse delicta et separari cognitiones
posse, ut suo quisque judex in territorio judicet, tametsi
sæpè probationes conjunctæ sint, et magna ratio faciat ut
utriusque criminis judicium uni tribuatur.* (Art. 12., A. C.
note *D*). Au surplus, dit JOUSSE, le mandat ne se pré-
sume point ici. t. 1 , p. 26, v. aussi p. 415.

*lomnie de se continuer : le silence est donc con-
tinuation.*

Quand cela serait vrai , et quand il y aurait
continuation, il faudrait toujours dire que le délit
ne se commet qu'au lieu où l'imputation est devenue irrévocablement un délit, qu'au lieu où
l'auteur est resté silencieux ; car enfin ce silence
ne peut être plus fort qu'un mandat exprès et
prouvé , et l'on vient de voir ce qu'il faudrait
décider dans ce cas ; mais rien n'est vrai dans
l'assertion. 1.º Si l'imputation est un fait unique,
si les ventes ne sont pas des délits par elles-mêmes,
la calomnie n'est pas un délit *continu*, comme on
l'a déjà dit , et comme il faudra encore le répéter
bientôt. 2.º Si l'on veut que le *désaveu* empêche
la calomnie de *se continuer*, il faut dire aussi
que la *restitution* aura le même effet quant au
vol. Il y a plus ; si la calomnie se renouvelle
par les faits de propagation, l'auteur en désa-
vouant, ne reprend ni physiquement, ni moralement au public ce qu'il lui a donné ; la propagation pourra donc continuer toujours, non
seulement à son insçu, mais encore malgré lui.

3.º Jamais, en droit , le silence n'équivalut à
un *aveu*, surtout quand cet aveu doit constituer
un délit ou sa *continuation* ; non certainement,
dit la loi, celui qui se tait n'avoue pas, *qui*

tacet, *non fatetur*, tout ce qu'on peut induire de son silence, c'est qu'il ne nie pas. (1)

7. *Tous ces effets tiennent à ce que la calomnie écrite est un délit multiple.* (6 juin.)

L'imputation n'est donc plus le seul délit, n'est donc plus un fait unique.

On veut dire (observe-t-on le 13) *que cette calomnie est un délit indivisible qui existe partout ou existe l'écrit.*

Quoi ! sans même qu'on apperçoive ce dont parle la loi, affiche, vente ou distribution ? quoi ! l'accident le plus fortuit fera exister ce délit ?

Il existe, c'est-à-dire, qu'il se RENOUVELLE *partout où se répand l'écrit.*

Mais c'est donc un *nouveau* délit ? et cependant on ne suppose pas de nouvelles imputations, puisque l'imputation, *fait unique*, est restée la même dans le même écrit.

Il se renouvelle, c'est-à-dire qu'il renaît identiquement le même.

Mais il est d'impossibilité métaphysique qu'un fait passé renaisse identiquement le même, sans constituer un nouveau fait.

Poursuivons :

_____

(1) *Qui tacet non utique fatetur, sed tamen verum est eum non negare.* L. 142 ff R., J. Voyez au surplus la note B à la fin du mémoire.

8. *L'écrit est le corps matériel du délit.*

Quest-ce que cela signifie ? Veut-on dire que l'écrit est *la preuve écrite* du délit ? A quoi cette découverte servira-t-elle dans la question de compétence ? On ne prétend pas sans doute que partout où il se trouvera un témoin du crime, vivant ou muet, le juge sera compétent.

On veut dire peut-être que l'écrit est le délit lui-même, ce qui explique en effet, comment le délit *existe* partout où existe l'écrit, comment le juge *qui saisit l'écrit est aussi compétent que celui qui constate un flagrant délit.* Mais alors, le ministère public confond donc tout à la fois le délit avec le corps du délit, et le corps du délit avec ce qui peut en fournir la preuve ; c'est-à-dire, ainsi qu'on ne cesse de le répéter, que ceux qui voient le délit partout où ils voient l'écrit, prennent les effets pour la cause, la matière du délit, son objet, son effet, son instrument, ses traces, ses vestiges, toute autre chose enfin que le délit, pour le délit lui même, c'est-à-dire, pour cet acte moral où se trouvent joints et la volonté du coupable et son fait personnel.

Mais l'erreur n'est pas permise ici sur un point aussi capital dans la question ; si le ministère public s'est mépris sur la vraie nature du délit, rien d'étrange à ce qu'il ait erré ensuite sans pouvoir retrouver la vraie route, mais alors quand il s'en appercevra, on le verra sans doute revenir à la vérité.

Or un livre ne peut être un délit. « Le délit » est essentiellement une action. » (1) C'est une *action libre* (2) c'est-à-dire, un acte moral de l'homme, et l'écrit *n'est qu'un* produit, *res est, non factum*. Un livre n'est pas une intelligence, et quoiqu'on dise de la présence *continue* et *intellectuelle* de l'auteur où est son livre, on ne peut pas aller jusqu'à dire que le livre qui n'est pas une action, fasse de bonnes ou mauvaises actions. Mais si l'écrit n'est pas le délit, ce n'est pas davantage *le corps du délit*, il n'est qu'un *moyen* de le prouver ; car le témoin n'est pas même la preuve, puisque la *preuve n'est qu'un motif* de croire (3). De même, le corps du

---

(1) Nouv. Dénisart, n.° 1.
C'est *un acte*, dit Muyart de Vouglans, L. crimin. pag. 2. *Une action*, dit Jousse, t. 1, p. 1.

(2) *Delictum, actio libera sanctione pœnali interdicta. Ubique passim.* Voyez au surplus C. F. G. Meister, *principia juris criminalis*, §. 32.

Delictum, violatio libera legis, quàm pœna sequitur Koch, §. 2.

(3) Gabriel, essai sur la nature des preuves, tom. 1, p. 7. — *Ce qui persuade l'esprit d'une vérité*, Domat, lois civiles, p. 1., liv. 3, tit. 6, sect. 1.

délit n'est que la *vérité* du délit, (1) c'est-à-
dire « l'existence du délit considérée en elle-
» même, abstraction faite du délinquant ; dans
» l'assassinat, le corps du délit est le fait *qu'il*
» *y a eu* un homme assassiné, (2) » ce n'est donc
pas le cadavre, comme on l'a dit. Il est vrai
que le M. P. a bien soin de prévenir qu'il faut faire
abstraction du délinquant, mais c'est prouver
qu'il n'est pas dans la question, car il s'agit
de savoir, non pas si le délit existe, mais dans
quel lieu le *délinquant l'a commis.* Et quand
on cherche le corps du délit, c'est-à-dire la
conviction qu'*il y a eu* un délit, on fait non

---

(1) *L'existence d'un délit prouvé*, JOUSSE t. 2, p. 19 ;
— *Veritas seu existentia criminis, corpus delicti appellatur.*
MEISTER, §. 573 ; et il ajoute en note, *quod tamen etiam
ipsi delicto, interdum objecto delicti commissi, imò et signo
ejus externo tribuitur.*

(2) Nouv. DÉNISART , *délit*, (*corps du délit,*) n.º 1.
Il ajoute : « On appelle souvent *corps du délit*, l'action
imputée à délit........ Cette expression n'est pas exacte. Il
est vrai que le délit ne peut pas subsister sans l'action imputée à délit ; mais cette action peut subsister sans délit.
Par exemple : dans l'incendie, l'action imputée à délit
est l'embrâsement ; mais s'il vient du ciel, il n'y a pas
de délit. » De même ici, l'action imputée à délit est
l'imputation ; mais si l'auteur n'avait pas sa raison, il n'y
aurait pas de délit, et par conséquent de corps de délit.

seulement abstraction du délinquant, mais encore
du jour et du lieu où ce délit a été commis,

Ce n'est pas assez ; on a encore besoin d'une
autre erreur, et le ministère public a soutenu
que le juge *qui constate le corps du délit est
nécessairement compétent pour le juger*, ce
qui est confondre la *recherche* des délits avec
leur *condamnation*, comme on avait déjà confondu la *plainte* avec *l'action*, (Voy. §. 1.)
et comme l'on confondra encore la recherche
avec *la poursuite* et *l'instruction*. (Voy. §. 7.)

Contentons nous ici de faire observer que tous
les officiers de police judiciaire étaient compé-
ens pour saisir quelques uns des 3000 exemplaires du Censeur Européen, et que ce n'est
pas pour limiter le droit de recueillir les preuves
et les indices d'un délit que sont faits les art. 23 ;
47 , 63, 69 du Code; mais pour régler la compétence sur la poursuite, l'instruction et le jugement.

Mais le lieu où l'on trouve un cadavre n'est
donc pas nécessairement celui du délit, et
le juge du lieu, le juge compétent *ratione loci* ?

Eh non sans doute ! Le cadavre a pu être
transporté ailleurs après le crime consommé; le
fleuve où le cadavre a été jeté a pu le porter
à vingt lieues ; mais le lieu du crime est toujours
celui où l'assassin a commis sa funeste action.

Maintenant, à quoi se réduit toute cette doctrine ? A ceci :

La publication faite à Paris a consommé à Paris un délit parfait, qui a commencé à se prescrire, du jour de cette publication, et que pouvaient juger les tribunaux de Paris; Mais la vente de Rennes *a fait* également un délit à Rennes, tout aussi parfait que celui de Paris, cette vente sera le premier terme de la prescription, et provoquera de la même manière l'action, les mandats et la condamnation des magistrats de Rennes. Ce sont donc deux délits? Non, ce n'est qu'un délit multiple, mais indivisible, que les tribunaux de Paris et de Rennes sont également compétens pour juger. Voilà le mystère de la compétence indéfinie, si ce n'est le plus inconcevable amas de contradictions et d'erreurs.

Et qu'on y prenne garde! on ne pouvait les éviter ces contradictions; il fallait dire qu'un délit *avait été commis* à Rennes (ce sont les propres termes de la loi, art. 47 et 462), pour donner compétence au tribunal de Rennes, *ratione loci*. Cependant il fallait dire aussi que ce délit, commis à Rennes, n'avait pas été commis par ceux qui avaient commis le fait arrivé à Rennes; car ce n'est pas l'auteur de la vente qu'on poursuit; c'est l'auteur de l'imputation. Il fallait donc soutenir que *l'imputation est le seul délit à punir*, et que cette imputation est un fait unique, pour qu'elle fût la même à

Rennes qu'à Paris, pour soutenir que le délit commis à Rennes était identiquement le même que le délit commis à Paris, ou que celui-ci *existait* dans celui de Rennes. C'est ainsi qu'avec un fait *unique* et ses nombreuses *conséquences* on a fait un délit multiple et indivisible; *monstruosum inventum*, dirait d'Argentré, qui se plaignait déjà si énergiquement qu'avec les ordonnances et les arrêts, on ne saurait bientôt plus à quoi s'en tenir sur la compétence en matière criminelle. (1)

Cependant, pour faire entrevoir quelque chose de possible, sous cette locution barbare de délits multiples et indivisibles, le ministère public a peu raisonné, il est vrai, mais il a fait des hypothèses, indiqué des analogies et cité le numéro d'un article de loi (6 juin).

Commençons par vérifier le texte indiqué.

§. 5.

Analogies.

36o. « Sera puni de....... quiconque se sera
» rendu coupable de violations de tombeaux ou
» sépultures, sans préjudice des peines contre

---

(1) Art. 12, A. C. Note *A.*

» les crimes ou les délits qui seraient *joints* à
» celui-ci. » M. le Procureur, du Roi n'a ni com-
menté, ni lu l'article, mais il est clair qu'il a
raisonné ainsi : Le délit de violation de sépultures, *joint* au vol du cercueil, par exemple,
forme avec ce dernier délit un délit unique,
puisqu'ils sont *joints* par la loi même ; cependant ce délit unique est en même tems multiple, puisqu'il est dit, et par la loi encore,
que chacun aura sa peine : donc l'imputation,
fait unique, jointe à chacun des faits très-mul-
tipliés de vente et de distribution, sera un délit
très-multiple, quoique les faits postérieurs ne
soient pas ici les faits de l'auteur de l'imputation,
et ne soient pas même des délits par eux-mêmes.
On peut passer à d'autres analogies.

Le ministère public a aussi parlé de *délits
successifs* ; cet exemple bien appliqué eut établi
l'incompétence du tribunal de Rennes, et l'on
est bientôt revenu au délit indivisible et multiple. Cependant pour ne laisser aucun doute
dans l'esprit, on examinera la nature et les effets
des délits successifs.

La loi n'en parle point : si donc la nature des
choses, plus forte qu'elle, offre entre ces délits
quelques caractères communs qu'on ne puisse
méconnaître, il faudra du moins se garder de
leur donner un effet qui porte atteinte à la loi,

et crée des exceptions où elle n'a pas voulu en
mettre. Sans doute, il est des délits qui en en-
gendrent de nouveaux en quelque sorte ; mais
c'est alors une *succession de délits*, comme s'exprime M. le P. P. de Lamoignon. (1) Ce sont des
délits *qui se succèdent*, et non un même délit se
renouvelant identiquement le même ; ce que l'esprit ne peut pas concevoir. Tels sont les crimes
de *fausse monnaie* et de *faux en écriture*.

Il en est d'autres qui consistent dans un fait
prolongé, auquel il faut nécessairement supposer
une certaine durée. L'usure, par exemple (loi du
3 septembre 1807), se compose de plusieurs faits
qui doivent former une habitude ; la *détention
arbitraire* ou la *séquestration* de personnes (341
et suivans) suppose un temps dont la durée
plus ou moins longue influe sur la peine.

Parmi les délits successifs et continus, outre
ceux qu'on vient d'indiquer, on cite encore le
rapt, (354) le commerce adultère, (339) la
bigamie, (340) le rassemblement séditieux. (100)
Mais personne (2) n'a mis de ce nombre la calomnie
écrite, parce que, malgré la grande analogie que
le ministère public a cru remarquer ici, on ne

(1) Procès-verbal de l'ordonnance de 1670. — Art. 1
tit. 1.

(2) Voyez LEGRAVEREND, *législation criminelle*. Tome 1,
page 71 et 72.

trouve pas dans la propagation de l'écrit calomnieux
les deux caractères essentiels à la *continuation* du
délit, c'est-à-dire, un fait de continuation qui
soit l'acte propre et volontaire du délinquant, et
un fait constituant un délit par lui-même. L'on
s'est donc toujours contenté de placer le libelle
diffamatoire parmi les délits *permanens* (1); ce qui
ne veut pas dire que le délit existe tant que
le libelle existe; mais seulement que la calomnie
écrite est un de ces délits dont les *vestiges* sont
permanens, comme l'homicide, le vol avec effrac-
tion, l'incendie (2).... *delicta facti permanentis,*
par opposition aux délits passagers, *delictis facti
transeuntis ;* distinction qui n'a peut-être d'utilité (3) que pour apprendre à ne pas confondre
le délit avec ses vestiges et ses traces.

Celle des délits successifs et continus en a davantage, parce que quelques-uns ne se prescrivent
pas du jour où l'action pénale a commencé, mais
du jour où le délit a *cessé*; par exemple, l'usure,
la séquestration, le commerce adultère; mais s'il
est possible de distinguer les actes qui semblent

(1) Jousse, *justice criminelle.* Tome 3, page 19.
(2) *Ubiquè passim*, Jousse, ibid.
(3) *Dicatur de celebratissimâ hâc delicti apud veteres
divisione, cui usui sit inventa ?* J. C. Koch. *Instit. juris
crimin.* §. 23.

continuer le délit, du fait principal dont ces actes
ne seraient que la suite ou les *conséquences*, pour
se servir encore des expressions du magistrat déjà
cité, c'est de ce fait *principe* que commence la prescription, quand même la conduite du délinquant
n'offrirait que la plus audacieuse persévérance
dans sa coupable volonté. Ainsi le rapt, la bigamie (1) se prescrivent du jour de l'enlèvement
ou du mariage ; ce qui n'empêche pas de poursuivre le ravisseur pour les faits de violence et
de séquestration, et le bigame pour le commerce
adultère, dont ils auraient continué à se rendre
coupables.

Mais si l'on peut tirer quelque parti de la
doctrine des délits successifs, dans une question
de prescription, c'est tout le contraire dans une
question de compétence.

Comme il y avait beaucoup plus d'inconvéniens que d'utilité à multiplier les juges compétens, et par conséquent les débats de prévention dont on était déjà fatigué autrefois (2), la

_____

(1) On a cité à l'audience un grand nombre d'arrêts. La
simonie même se prescrivait autrefois. REPERT, *Prescription*,
page 552, troisième édition.

(2) M. PUSSORT, développant les motifs de l'ordonnance
de 1670, faisait remarquer « que, comme il n'y a rien qui
» forme plus de contestation que les *préventions, qui retombent*
» *toujours sur les parties*, aussi le Roi s'était-il particulière-

règle était que dans tous les délits successifs et continus, le juge compétent, *ratione loci*, était celui du lieu où le délit *avait commencé*, c'est-à-dire, le juge du lieu du *premier fait* ou du *premier délit*. Ainsi, la compétence d'un petit de Gonesse (1), où le rapt avait commencé, excluait celle du sénéchal de Lyon, où le ravisseur avait été arrêté, tenant encore violemment en sa puissance l'objet de son crime. Voit-on quelque raison pour qu'il n'en soit pas de même aujourd'hui que la compétence est une des plus précieuses garanties constitutionnelles ?

» ment appliqué à en arrêter le cours. » (Procès-verbal sur l'art. 9. titr. 1.) Et sous la législation actuelle on veut ramener ces malheureux débats précisément dans une matière où tous les jugés du royaume pourraient ensemble se *prévenir* !....

Duparc disait : « L'esprit de l'ordonnance n'a pas été d'autoriser sans distinction la procédure devant quelque juge que ce soit..... On ne peut pas dire qu'en matière criminelle, lorsqu'il n'y a pas d'incompétence radicale , tout juge, comme en matière civile , puisse devenir compétent par une procédure volontaire devant lui..... Celui qui n'a aucune des trois qualités de juge , soit du lieu du délit, soit du *domicile* de l'accusé , soit du lieu de la capture, n'a aucun caractère pour punir le criminel sur la personne duquel il n'a point la puissance publique..... Enfin, en matière criminelle, la compétence est de droit public..... *Principes de droit.* T. 8, page 392 et 393.

(1) Voy. la note B.)

Il eut donc fallu convenir que dans *l'espèce*, la compétence incontestablement acquise
au tribunal de Paris, avait épuisé et consommé la
compétence du tribunal de Rennes, dans le ressort duquel le prévenu n'était jamais venu ?

On croira facilement que le ministère public,
en classant la calomnie parmi les délits successifs, n'a pas pris le même soin d'en développer
les applications et les règles. Il s'est contenté de
citer quelques délits successifs, et d'y mettre sa
théorie nouvelle; par exemple, il a dit (6 juin)
que dans les crimes de *fausse monnaie* et de
faux en écriture, le fabricateur commettait son
crime partout où parvenaient les pièces fausses;
que son crime se perpétuait tant qu'il en existait, et qu'ainsi le fabricateur pouvait être
jugé partout où elles pouvaient être saisies. C'était
supposer précisément ce qui était en question, et ce qu'il était difficile de prouver; en
effet, s'il est vrai de dire que le crime de *fabrication*, *d'altération* de monnaie, est un délit
successif, en ce sens, qu'il est presque nécessairement suivi des crimes *d'émission* et *d'exposition*
de la fausse monnaie, il n'en est pas moins vrai
que les faits *d'émission*, etc., sont de nouveaux
crimes très-distincts du premier; qu'ils ont leur
jour et leur lieu propres, et que si l'on veut
poursuivre dans le lieu de son crime celui-là
seul qui n'a fait que fabriquer, il faut le pour-

suivre dans le lieu où il a fabriqué, et dans les dix ans de la fabrication, parce qu'on ne peut poursuivre pour les *émissions* et *expositions* que ceux qui y ont *participé*. La raison le dit, et la loi le répète expressément (132), sans excepter le fabricateur.

Il en est ainsi du faux *en écriture*, le fabricateur prescrit son crime de fabrication du jour qu'il a fabriqué. Si après cette prescription acquise, il fait lui-même usage de la pièce, ce n'est pas son premier crime qu'il reconsomme, c'est un nouveau crime que la loi punit par des dispositions différentes (1). Si un autre que le fabricateur fait sciemment usage de la pièce sans la participation prouvée du fabricateur, celui-ci, son crime étant prescrit, ne pourra plus

_____

(1) Articles 148 et 151 du code pénal.. — « Il n'y a
» point aujourd'hui, de délits imprescriptibles, puisque le
» code n'en excepte aucun des règles qu'il trace pour
» la prescription..... Ainsi le crime de faux se prescrit
» comme tout autre par le laps de dix années ; mais l'ex-
» piration de ce délai *depuis la fabrication*, *qui mettrait*
» *l'auteur du faux* à l'abri des poursuites à raison de
» cette fabrication, n'empêcherait pas qu'on ne recherchât
» celui qui, depuis cette époque, aurait fait *sciemment*
» usage du faux. En effet l'*usage* d'une pièce fausse, est un
» crime distinct et séparé du faux. »
Legraverend, legislat. crimi.; t. 1, p. 71.

être recherché. Le M. P. soutient le contraire, il veut que l'usage renouvelle le crime de fabrication, qu'il ait été fait sciemment ou non, par le fabricateur ou par un autre. Mais encore une fois, c'est la question, et elle est décidée par l'article 239 du code de procédure qui porte que l'usage d'une pièce fausse ne donne lieu à l'action criminelle, que lorsque le crime n'est pas éteint par la mort ou la prescription.

Il est vrai que si les crimes de *fausse-monnaie* et de *faux en écriture* par fabrication ne sont pas prescrits, ceux *d'émission*, *d'exposition* de la fausse monnaie, celui *d'usage* de la pièce fausse, pourront amener les fabricateurs devant les tribunaux des lieux de *l'émission*, et de *l'usage*, mais quant à eux, la compétence ne s'établira pas *ratione loci*, mais *ratione connexitatis*. Si donc, par exemple, l'usage de la pièce fausse, dans un procès, n'a pas été fait sciemment, et ne constitue pas un crime, il faudra nécessairement renvoyer devant le juge du lieu de la fabrication (1).

Qu'il soit jugé ensuite que la possession d'un timbre faux puisse être imputée à usage au pos-

(1) Repert. *compétence*, §. 2., n. 2. Le juge du lieu où il a été fait usage de la pièce fausse n'est compétent que si l'on a fait usage *avec connaissance de la fausseté*.

sesseur, (6 juin) c'est appliquer plus ou moins justement la règle, mais ce n'est pas en faire une
nouvelle ; et la question actuelle serait décidée,
si l'on voulait considérer comme le lieu du
délit de la calomnie, celui où l'on aurait saisi
l'écrit *dans les mains de l'auteur*, puisque ce
serait le lieu où il eut pu *être trouvé*.

§. 6.

Hypothèses du Ministère public.

Première hypothèse. Supposons, a-t-on dit,
que l'écrit, après avoir été imprimé à Paris,
n'ait cependant été publié qu'à Rennes, n'est-il
pas évident que Rennes sera le lieu unique du
délit ? Supposons ensuite que l'écrit, envoyé
secrètement de Paris, soit arrivé au même
instant dans quatre villes de province. Ces
quatre villes n'offriront-elles pas quatre lieux
d'une même calomnie, unique dans l'imputation,
mais multiple dans la publicité ? (6 juin.)

On le voit ; l'hypothèse est ici précisément le
contraire de la thèse, et ne peut servir beaucoup
à éclaircir celle-ci ; car enfin, il est certain que
l'écrit a été authentiquement *déposé* à Paris, publiquement vendu et distribué à Paris, avant
d'être venu à Rennes. Or, la première question
à résoudre est de savoir si le tribunal de Paris,
qui a été incontestablement juge compétent, et

pendant quelque temps au moins , unique juge
ratione loci, n'a pas exclu toute autre compétence
puisque la loi ne la donne qu'à un seul juge pour
le même délit ; question que le ministère public
n'a pas même abordée (1).

De plus, on suppose *évident*, ce qui précisément est en question , ce qui ne deviendra évident
que lorsqu'on aura démontré que l'imputation ,
qui consiste à *insérer* dans un écrit (375) un fait
calomnieux , n'a pas été *commis* à Paris , parce
que l'écrit a été vendu à Rennes ; lorsqu'on aura
prouvé que *le lieu où l'on a distribué* n'est pas
celui où se tenait le distributeur , et *d'où il a*
distribué , mais tous les lieux où la chose dis-
tribuée s'est répandue. De sorte que le vendeur
d'une denrée avariée a commis sa contravention
partout où les acheteurs l'auront portée, partout
où les consommateurs se seront apperçus de la
mauvaise qualité ; de sorte que celui qui a laissé
divaguer un animal dangereux (art. 475., n.° 7)
est justiciable de tous les tribunaux dans le
ressort desquels l'animal aura divagué ou causé
des dommages.

Seconde hypothèse. Le ministère public l'a
présentée comme démontrant tout à la fois l'absur-

_____

(1) V. comme le tribunal l'a décidée. *Observations som-*
maires sur le jugement. P. 40 et 41.

dité du système sur l'unité de la compétence et
la nécessité du *délit multiple*.

Supposons, a-t-il dit, que M. Béchu soit renvoyé poursuivre sa plainte à Paris ; à Paris, les
prévenus ne pourront-ils pas demander à être renvoyés à Grenoble, et de Grenoble ailleurs encore ;
puisque le lieu du délit ne serait que là où l'écrit
a été vendu et distribué pour la première fois ;
ce que le calomnié peut ignorer ; ce que les prévenus, qui ne sont jamais liés par leur défense,
pourront toujours ne laisser voir qu'à demi ?

Eh bien ! supposons tout ce qu'on voudra, supposons que lorsqu'il s'agit d'un écrit imprimé avec les
noms et domiciles de l'auteur, de l'imprimeur, de
l'éditeur ; d'un écrit déposé dans les mains de l'autorité qui regarde ce dépôt comme une publication légale ; d'un écrit annoncé dans les journaux,
le plaignant ne sache pas si c'est de Paris ou de
Grenoble qu'est partie l'imputation ; supposons
aussi qu'il s'agisse de l'action du plaignant et non
de celle de M. le procureur du Roi ; supposons
enfin que le tribunal de Paris ne soit pas en même
tems celui de la résidence du prévenu et celui du
lieu où il a été trouvé ; mettons-nous donc dans
l'hypothèse précédente, car le ministère public y
est retombé, et raisonnons :

Le calomnié trouve l'écrit dans toutes les villes
de France, sans savoir d'où il s'est répandu ; qu'il

consulte, et vraisemblablement il ne trouvera
aucun jurisconsulte qui ne lui réponde à peu près
comme suit: Vous ignorez le lieu du délit ; ce
n'est pas une raison pour le mettre partout ; vous
voulez faire punir le délinquant, tâchez d'abord
de savoir où il est, où il réside ; car vous ne
pouvez le faire condamner, sans le citer ou l'arrêter ; dès que vous saurez où le trouver, tra-
duisez-le devant le juge de son domicile, de sa
résidence, du lieu où vous aurez pu le trouver,
la loi vous garantit ici la compétence. Mais vous
tenez beaucoup à la compétence, *ratione loci ;*
c'est à vous à l'établir, parce que c'est au deman-
deur à prouver, même en jurisprudence criminelle : c'est donc à vous à bien faire connaître
le délit, pour que le prévenu sache à quoi il lui
faut répondre (1). C'est à vous à en fixer le
jour, pour qu'il puisse opposer la prescription,
(2) le lieu, pour qu'il puisse prouver *l'alibi.* (3)

---

(1) Jousse. Justice criminelle. T. 2, p. 53, n.° 22.

(2) Jousse, ibid. n.° 1. — *Quisquis injuriam sibi factam asserit, probationis onus subire cogitur, tùm quia actor est, tùm quia aliquid affirmat ; sic ut et* dies *et* Locus *injuriæ probari debeat, si reus aut neget injuriam aut proescriptione se velit tueri.* Voet ad ff. de injuriis, n. 12.

(3) Jousse, *ibid.* — *Nisi exprimeretur locus et tempus commissi criminis, procul dubio incerta redderetur accusatio ; ità ut non posset reus probando negativam coarctatam se aliquo modo defendere.* — Antonelli, *de loco legali.* Lib. 3, c. 6, n. 4.

Vous pouvez cependant l'ignorer ce lieu, au moment où vous formerez votre action (1) (ce qui prouve que le lieu du délit n'est pas où l'on est quand on apprend la calomnie) : risquez alors la poursuite devant votre propre juge : quelques uns admettent cette exception en faveur du calomnié. Vous tenez à un autre tribunal , risquez la où vous voudrez ; si l'on n'excepte point d'incompétence , tout est terminé, vous aurez complètement réussi. Si l'on vous démontre que ce n'est pas le lieu du délit , vous payerez les dépens. , mais vous acquerrez presqu'indispensablement la connaissance certaine de ce lieu , et nécessairement celle du tribunal compétent, à raison de la résidence.

Le ministère public voit dans ce résultat un intolérable inconvénient. Cependant , combien de suppositions n'a-t-il pas fallu faire pour y arriver , et en définitive , à quoi se réduit-il ?

Troisième hypothèse. Supposons que le même individu après avoir calomnié verbalement à Paris , vienne répéter publiquement à Rennes la même calomnie, ne sera-t-il pas justiciable du tribunal de Rennes ? Sera-t-il admis à prouver qu'il s'était déjà rendu coupable du même délit à Paris , pour y être renvoyé ?

_____

(1) Jousse , *ibid.* Mais il faut que l'information et les preuves suppléent à la plainte , *ibid.*

Non, sans doute; mais pourquoi? Parce qu'il
y a deux délits, a remarqué, lui-même, le
M. P. Et en effet, si celui qui le premier a
proféré la calomnie à Paris, n'est pas celui qui
l'a répété publiquement à Rennes, ils seront
tous les deux punis, et il n'y aura pas même
une connexité suffisante pour qu'ils ne soient pas
poursuivis à Rennes, en même tems qu'à Paris,
et condamnés par deux jugemens différens, de
Paris et de Rennes.

Quatrième hypothèse. Supposons maintenant
que l'auteur après avoir publié son ouvrage à
Paris soit venu le vendre *lui-même* à Rennes,
ce cas n'est-il pas le même que le précédent?
L'auteur peut donc être puni à Rennes, comme
il eût pu l'être à Paris; il peut donc y avoir
deux lieux du même délit.

De ces deux hypothèses, on a formé ce di-
lemme : ou il faut soutenir que l'auteur qui
a calomnié verbalement n'a pas commis un délit
partout où il a répété publiquement sa calomnie, ou bien il faudra convenir que l'auteur de
l'imputation dans un écrit publié commet son
délit partout où son écrit se trouve.

Remarquons d'abord que, dans l'hypothèse,
il y aurait au moins une *participation* prouvée
de l'auteur au fait qui doit renouveler le délit,
et c'est quelque chose, puisque c'est là un des

deux caractères exigés pour qu'un délit successif puisse être imputé à l'auteur du premier fait. Mais ensuite, en se renfermant dans l'argument, ne vient-on pas de voir que dans le premier cas, le calomniateur qui profère de nouveau à Rennes, ce qu'il avait proféré à Paris, commet deux délits distincts ; car, s'il n'est puni qu'une fois, c'est que l'on ne peut cumuler les peines ; que la plus forte seulement peut être infligée, et qu'ainsi, quand ce sont deux délits semblables, on ne paraît condamner qu'un délit ; aussi, encore une fois, le fait commis à Rennes, par exemple, est si essentiellement un nouveau délit, qu'il sera puni de la même manière dans tout autre que celui qui aurait déjà calomnié. Dans le deuxième cas, au contraire, le fait de vente n'est pas un délit ; le ministère public oublie toujours qu'il a été forcé de le reconnaître ; il oublie qu'il ne poursuit pas les vendeurs et distributeurs de Rennes ; il oublie que la loi n'a mis le délit que dans l'imputation faite dans un écrit *qui a été* publié ; il oublie ses efforts pour démontrer que le délit de Rennes n'est pas un nouveau délit ; il oublie donc toutes les circonstances qu'il a relevées lui-même, et qui sont autant de différences entre la calomnie verbale répétée et la calomnie écrite propagée par l'écrit.

Mais alors comment faudra-t-il considérer l'auteur qui viendra lui-même vendre son écrit? La réponse est bien facile. Il sera le *vendeur* à Rennes de l'ouvrage *qu'il a publié* à Paris ; et si cet ouvrage contient une imputation calomnieuse, il sera un calomniateur qu'il faudra poursuivre à Paris où l'imputation est devenue délit, c'est-à-dire, dans le lieu où l'écrit à commencé à devenir public ; à moins cependant qu'on ne puisse *trouver* ailleurs le prévenu.

C'est bien étrange ! Beaucoup moins que de vouloir toujours mettre dans la loi ce qui n'y est pas, et de se contredire sans cesse.

Cinquième hypothèse. Ne considérons point le délit dans le délinquant, mais dans le calomnié, a-t-on dit, et alors on conviendra que c'est où celui-ci est atteint que la calomnie se consomme ; la blessure ne sera pas moins vive, parce qu'il ne l'aura ressentie que long-temps après l'imputation et fort loin de l'auteur.

Ce raisonnement a séduit quelques esprits, mais cependant l'abstraction est ici trop forte pour s'y fier. C'est une étrange idée que de *séparer le délinquant du délit*, pour savoir par exemple, quelle prescription doit être appliquée au délinquant? Quel juge doit le juger? Pour savoir surtout dans quel lieu il a *commis le délit* (47, 462)? Car, enfin, lequel du calomnié

ou du calomniateur, *a commis* le délit? Est - il
nécessaire de témoignages pour prouver que dans
ces questions on a toujours considéré l'offenseur
et non l'offensé? (1) Encore une fois, le délit
n'est pas la même chose que le *corps du délit*,
et le corps du délit n'est pas même *l'action
imputée à délit*; si donc, le délit est l'intention jointe au fait, où trouvera-t-on cette intention si on ne la cherche dans le délinquant?
Une seule réflexion suffirait, c'est qu'il est impossible de concilier cette manière de placer le
délit, avec la règle aussi ancienne qu'incontestable et féconde, qui rend les délits *cachés* tout
aussi bien prescriptibles, du jour qu'ils ont été
commis, que les délits dont la victime n'a été
que trop bien *avertie* à l'instant même de leur
consommation ; (2) ce qui repond à une autre

_____

(1) *Non attenditur* locus *personæ offensæ , sed attenditur
tantùm persona offendens quæ est illa quæ offendit princi-
paliter locum in quò delinquit.* Antonelli *de loco legali.* Liv.
3 , chap 1 , n.° 8.

(2) Ce n'est pas ici qu'il faut appliquer la maxime *Contrà
non valentem agere non currit præscriptio.* V. Dunod , *des
prescriptions*, part. 2 , ch. 9. Le répertoire, *prescription*,
sect. 3 , §. 7 , art. 1 , n. 3. Hevin sur Bret, 288. Nulle
controverse à cet égard dans l'ancienne jurisprudence , il
n'y en a pas davantage depuis le code de 1808. V. art. 638 ,
et Legraverend , *législation criminelle.* Tom. 1 , pag. 67.

hypothèse , où l'on suppose l'écrit imprimé , déposé , distribué et *publié* secrètement , afin de pouvoir le répandre impunément lorsque la prescription sera acquise.

Après cela, qu'est-il besoin de remarquer que tout l'argument ne tendrait qu'à établir , non la compétence du tribunal de Rennes , mais le droit de M. Béchu de poursuivre lui-même les prévenus devant le tribunal de Vitré ?

Il est tems de revenir aux argumens en faveur de l'unité de la compétence, et de voir comment on les a réfutés.

§. 8.

Inconvéniens de la multiplicité de la compétence.

Le ministère public a fort bien remarqué, (13 juin) qu'en bonne logique , dès qu'une conséquence inévitable est inadmissible , l'erreur est démontrée. Or , ici il y a au moins deux conséquences tout à la fois inévitables et inadmissibles.

La première , est le désordre et les abus qu'entraîne la multiplicité des magistrats *poursuivant*, *emprisonnant* pour le même délit ; et jugeant le même livre.

La seconde est l'impossibilité de *préscrire* le délit.

On a reconnu sans aucune espèce d'hésitation, que tous les procureurs du Roi pourraient saisir l'écrit et poursuivre l'auteur, que tous les juges d'instruction pourraient lancer leurs mandats contre le même individu. On n'a vu là que la bonté d'un système qui donne aux magistrats de si sûrs moyens de PROTÉGER *leurs justiciables, et de ne laisser jamais impuni un si odieux délit* (6 juin); mais il n'y aura pourtant qu'un tribunal à prononcer, a-t-on ajouté, il sera désigné par le premier mandat décerné ou exécuté; rien de plus simple, et la règle *non bis in idem,* sera toujours une sûre garantie que jamais il n'y aura qu'une seule condamnation pour le même fait.

Il y a des choses si étranges dans cette réponse qu'il ne faut pas trop rapidement l'examiner.

1.° Il faut remarquer que l'on confond ici l'exception d'*incompétence* avec celle de la *chose jugée.* Quand on se plaint d'être distrait de ses juges naturels, ce n'est pas que l'on craigne d'être jugé deux fois, mais on craint d'être irrévocablement mal jugé par des juges choisis par l'accusateur.

2.° On se plaint encore que si le même volume renferme vingt calomnies prétendues con-

tre vingt individus, chacun d'eux pouvant choisir son tribunal, l'auteur soit obligé de se
défendre, à la fois ou successivement dans
vingt endroits différens pour le même livre,
tandis qu'il ne devrait y avoir qu'un seul lieu
du délit pour le même volume dont toutes les
pages ont été publiées ensemble ; or, pour écarter cet inconvénient de vingt tribunaux différens,
jugeant compétemment, *ratione loci,* vingt
calomnies ou vingt *phrases séditieuses* qui ne
devraient avoir que le même lieu, il est manifeste
que la règle *non bis in idem* n'a aucune vertu.

3.° La règle sur la *prévention* en faveur du
premier mandat n'en a pas davantage ; elle ne
servira qu'à faire décider tout au plus, quel
tribunal devra commencer le premier à juger
la calomnie particulière dont on l'aura saisi.
Mais s'il s'agit de la même ; et de savoir quel tribunal devra être préféré, comment s'y prendra-t-on,
lorsque plusieurs juges d'instruction auront lancé
leur mandat le même jour ? Faudra-t-il tirer
au sort ? Et si dans un lieu les magistrats
ont pensé qu'il ne fallait pas commencer par
mettre en prison, le tribunal d'où sont partis
les terribles mandats, sera donc préféré *duriori
jure ?*

4.° Enfin, et c'est ici l'intolérable abus que
surtout on a voulu faire ressortir, si l'on multiplie le lieu du délit, on multiplie aussi sur

la tête du même individu la chance des erreurs
ou des préventions dont un même fait mal
interprété ou mal connu peut le rendre la victime ; et pourtant la loi avait soigneusement
restreint cette terrible chance ! Le ministère
public veut (6 juin) que partout où le crime
se montre, le magistrat puisse agir. Il a raison, s'il veut dire que tous les procureurs du
Roi ont également le droit de recevoir les ren-
seignemens sur le même délit, d'en recueillir
eux-mêmes les preuves, d'en saisir les traces.
Il y a plus, dans certains cas , ils peuvent même
sortir de leur territoire (464) ; mais ce n'est
pas là une compétence proprement dite, puisqu'encore une fois les 6000 officiers de police
judiciaire du royaume peuvent tous faire la
même chose. Ce n'est pas du moins celle dont
il s'agit ici.

Le ministère public veut que le zèle du procureur du Roi de Rennes , puisse toujours venir au
secours du zèle du procureur du Roi de Paris ; que
le magistrat de Paris ne puisse jamais *paralyser* l'action des magistrats de Rennes(13 juin) ; et il confond
ici la *recherche* du délit et la *poursuite* du délinquant; (art. 22.) Il faut au contraire ; que si M.
le procureur du Roi veut poursuivre un citoyen,
c'est-à-dire, s'il veut le citer devant un tribunal
criminel, ou requérir que le juge d'instruction

lance un mandat contre lui, il faut qu'il se renferme dans les termes de l'article 23 qui ne reconnaît
de *compétens* pour poursuivre , « que le procureur
» du Roi du lieu du crime ou du délit, celui
» de la résidence du prévenu et celui du lieu
» où le prévenu pourra être trouvé » Il faut
donc qu'on ne multiplie pas la compétence à un tel point que tous ou presque tous
les procureurs du Roi, puissent poursuivre le
même individu, si l'on ne veut que les art. 23
et 47 , faits pour restreindre ce nombre dans
un cercle très-étroit, ne perdent toute leur légitime puissance et leur bienveillante garantie.

Il en est absolument de même quand à *l'information* ; tout juge d'instruction, officier de
police judiciaire peut rechercher les traces du
crime : il peut recevoir toutes les plaintes pos-
sibles , mais s'il veut lancer ses mandats, la
loi devait lui parler plus impérativement qu'à ceux
qui ne veulent que poursuivre, et , en effet , elle
lui commande de *renvoyer* s'il n'est pas le juge
compétent. « Dans le cas où il ne serait ni le juge
» d'instruction du lieu du crime ou du délit ,
» ni celui de la résidence du prévenu , ni celui
» du lieu où il pourra être trouvé , il *renverra*
» la plainte devant le juge d'instruction qui
» pourrait en connaître. (69.) »

Cependant la loi qui rappelle sans cesse la li-
mite des compétences , est-elle donc sans motifs ?

Sans doute la société ne peut se conserver, si l'on ne confie à quelqu'un le droit de poursuivre et d'arrêter. Sans doute il y aura déni de justice, si on ne laisse à celui qui se croit lésé le droit de faire un procès à celui dont il croit avoir à se plaindre. Mais n'y aura-t-il aussi aucun moyen de rassurer le citoyen contre ce pouvoir si essentiellement arbitraire, et qui peut devenir si facilement, et presque toujours, si impunément injuste? Et quelle autre garantie la loi peut-elle donner, si ce n'est de circonscrire le nombre de ceux qui voudraient voir dans le même fait un délit où il n'y en aurait pas? Que l'on suive la loi, et le citoyen n'a plus à craindre que l'erreur de trois magistrats. N'est-ce pas assez! Et faut-il applaudir à l'heureuse conception d'un délit que tous les procureurs du Roi pourront poursuivre concurremment, que tous les juges d'instruction pourront venger ensemble par leurs mandats, sans que le moyen de déterminer le juge qui condamnera, serve ici à autre chose qu'à retenir le détenu en prison pendant les débats sur la *concurrence* ou sur la *prévention* ?

§. 8.

Imprescriptibilité.

Une seconde conséquence du délit multiple se-

rait son *imprescriptibilité*, et ce caractère est ré-
prouvé par une volonté absolue de la loi.

Il est vrai qu'aux yeux du ministère public,
ce n'est là que le plus *frivole des sophismes*,
une *inquiétude puérile* ou un *inconvénient exagéré*.
Le délit multiple, a-t-on assuré, se prescrira
toujours. Dans l'espèce actuelle, par exemple,
le délit a commencé à se prescrire à Paris du
jour qu'il a été commis à Paris ; et à Rennes,
du jour qu'il a été commis à Rennes.

Mais d'abord, est-il bien vrai que, si l'on veut
être conséquent, la calomnie que l'on poursuit
à Rennes ait déjà commencé à se prescrire à Paris ?
N'est-ce pas là, au contraire, où le livre sera
le plus long-temps en vente et en distribution, puisque le fonds de l'édition s'y trouve ? Et
si la nouvelle vente faite à Rennes donne une
nouvelle date au délit, est-il bien sûr que jamais
le ministère public ne regardera les secondes ventes
faites à Paris comme ne renouvelant pas aussi le
délit ? Le ministère public répondra qu'il veut bien
considérer la première vente, distribution ou
affiche, comme une publication consommée, et ne
pouvant plus renouveler le délit *dans le lieu où
elle aura été faite ;* mais alors on lui demandera
ce qui déterminera l'étendue de chaque publication opérée par la première vente ? On ne veut
pas que la vente faite à Paris vaille pour Rennes ;

pourquoi celle du faubourg Saint-Germain vau-
drait-elle pour le Marais (1)? Ce public, qui oublie si difficilement ce qu'on lui a dit, et qu'il
suffit d'avoir mis une seule fois dans la confi-
dence pour qu'il y ait à jamais publicité, est-il
plus facile à *circonscrire* qu'à faire taire? *Et
fama non describitur.* M. le procureur du Roi
ne croira à la publication d'un écrit que lorsqu'il
le saisira dans son arrondissement; mais un juge
de paix ne verra que son canton, et un gouver-
neur ne parlera que de sa province.

Cependant, prenons pour certain que la première vente, distribution ou affiche consomme
la publication *dans chaque lieu,* seulement, et con-
venons de diviser la publicité par arrondissemens de
tribunaux de première instance. Le délit en sera-
t-il moins imprescriptible? Il est tel arrondissement où tel livre ne doit jamais entrer, peut-
être, que lorsqu'on l'y portera pour le saisir.
Or, qu'est-ce que la prescription pour celui qui

---

(1) On ne parle que de vente et de distribution parce
que le ministère public ne veut pas regarder le dépôt comme
une publication et qu'il refuse à la distribution de cinq exemplaires, l'effet qu'il donne à la vente d'un seul. S'il
voudrait compter pour quelque chose cette remise authen-
tique à la bibliothèque du Roi, et aux divers ministères et
directions générales, on ne verrait pas pourquoi cette
publication ne vaudrait pas pour toute la France.

n'a commis qu'un délit, qui ne redoute qu'un jugement, si ce n'est qu'on ne peut intenter d'action publique ou privée contre lui que pendant trois ans ? Il aura calomnié dans un écrit vendu à Paris, et les partisans du délit multiple lui promettent que M. le procureur du Roi de Paris, ne pourra le poursuivre que pendant trois ans à compter de la première vente à Paris ; mais quoique le ministère public soit indivisible, a-t-on fort bien dit, après la prescription acquise contre le ministère public de Paris, celui de Lyon pourra poursuivre le délinquant pendant un an encore, si la première vente ne s'est faite à Lyon qu'un an après celle de Paris ; celui de Marseille pendant deux ans de plus, par la même circonstance ; et celui de telle petite ville, pendant un tems qui dépassera la vie de l'auteur ; à quoi donc servira la prescription au délinquant, si ce n'est à faire un voyage d'autant plus long, avec la gendarmerie, qu'il se sera écoulé plus de tems entre sa faute et l'action qu'on lui intente ?

On ne demandera pas comment après trois ans ou vingt ans depuis la publication de l'écrit à Paris, par exemple, l'auteur qui voudra opposer la prescription pourra prouver à Versailles même, qu'une vente y a été faite plus de trois ans avant la saisie ; car ce *sera au prévenu à prouver ce fait*, a-t-on dit, (13 juin); il n'y a que quelques mois qu'on a saisi à Rennes, et peut-être ne pourrait-il fixer le jour précis où la première vente y a été faite, quoique cette vente fixe la date de son délit et donne jurisdiction sur sa personne ; mais on fera cette réflexion qu'il suffirait sans doute de ne pas perdre de vue, pour ne jamais se méprendre sur la doctrine de la compétence universelle, et du délit multiple. On a vu des délits *continus* dont la prescription ne peut commencer que du jour où ils ont *cessé*; mais le délit a cessé quand celui auquel on veut l'imputer, cesse d'y *participer*, dès qu'on ne peut prouver qu'il a continué d'y *participer et de fait et d'intention*; c'est raison, c'est justice, c'est loi divine et humaine. Or, ici par l'exception la plus inouie, on prétend n'avoir pas besoin de la participation de l'auteur, pour que son délit se continue ; les remords qui sont la peine dont la loi se contente dans la prescription, n'empêcheront pas l'écrit de circuler, et, par conséquent, de renouveler le délit ; il y a plus, celui-là même qui voudra le poursuivre pourra le renouveler à son gré dans un nouveau lieu ; alors, et c'est sur ce dernier point qu'on voulait fixer l'attention, la mort même, parce qu'elle n'arrêtera pas la propagation de l'écrit, n'affranchira donc la succession du délinquant qu'après trente ans ? Car l'action civile se poursuit de la même manière que l'action pénale ; mais elle survit au délinquant; (art. 2, cod. d'ins. crim.) ainsi la succession d'un voleur mort en commettant son délit ou son crime, restera pendant trois ans ou dix ans, chargée de la réparation civile, tandis que l'héritier de l'auteur ne pourra jamais opposer ni l'une ni l'autre de ces prescriptions ; il lui faudra recourir à la plus longue prescription connue, et il ne la rattachera pas au défaut de poursuites, mais à sa possession trentenaire de la succession; parce qu'encore une fois, pour renouveler le délit dans un lieu nouveau, la vente, la distribution, n'ont pas besoin de la *participation* de l'auteur, parce que le délit *existe*, *partout* où se répand l'écrit et tant qu'il se propagera, et parce que vingt ans après la mort de l'auteur, ce sera encore un *flagrant délit !*

§. 9.

Autorités.

Et alors, on se le demande avec une sorte d'effroi, serait-il donc possible que l'on fût jamais forcé de recevoir *d'autorité* une semblable doctrine? Serait-il vrai que ce fût là un usage *consacré par les siècles, attesté par tous les criminalistes ;* certifié récemment de la manière la plus solennelle par les plus *éminens* fonctionnaires ? Serait-il vrai, enfin, que ce fût là l'opinion de *tous les jurisconsultes de l'Europe ?* (6 juin).

Depuis bientôt deux mois que l'exception d'incompétence est formée, voici les preuves que le ministère public a recueillies :

Rien depuis 1791, jusqu'en 1810, parce que le premier Code pénal était muet sur l'injure écrite.

Rien depuis 1810, *parce qu'il n'était réservé qu'à notre âge de voir un si odieux délit,* ou parce que la compétence indéfinie ne devait jamais *faire naître un doute raisonnable* (6 juin).

Mais en remontant à 1616, on trouve un arrêt du parlement de Dijon, qui décide que le juge du lieu où le libelle a été trouvé est compétent pour en informer.

Et si l'on revient ensuite à la séance du 17 novembre 1817, on trouvera cette observation d'un ministre sur les délits de la presse : « la contraven-
» tion se reproduit partout où l'écrit parvient, et
» comme elle se renouvelle dans le temps, elle
» se multiplie dans l'espace.....»

Ce qu'un pair a depuis répété à la séance du 18 janvier 1818.

Au reste, le silence de l'une et l'autre chambre sur les assertions des deux nobles personnages, est ce que M. le procureur du Roi appelle l'assentiment de tous les hommes éclairés et de tous les jurisconsultes d'Europe.

Reprenons :

Si depuis 1810, aucun jugement ne décide cette question, est-il bien vrai que ce soit parce que l'unité de compétence n'aurait jamais paru qu'une absurdité ? Le prévenu a cité plusieurs fonctionnaires publics du Lot, faisant condamner à Paris comme calomniateurs deux ex-députés, pour un écrit répandu avec profusion dans le Lot ; mais cet écrit *avait été publié* d'abord à Paris, et l'on ne vit que là le lieu du délit. Il a cité Wilfrid-Régnault, domicilié de l'Eure, faisant condamner à Paris, comme calomniateur, M. le marquis de Blosseville ; mais il s'agissait d'une imputation insérée dans le Journal des Débats, et quoiqu'il eût été très-facile d'en saisir un exemplaire dans l'arrondissement où se trouvaient les juges naturels de toutes les parties , on ne cita le prévenu qu'à Paris, parce que c'est à Paris que se *publia* le Journal des Débats.

Il est vrai qu'une demoiselle Aniche , de Bordeaux, crut pouvoir appeler à Bordeaux les auteurs du Mercure ; mais on opposa le déclinatoire , et elle abandonna sa plainte,

Encore avait-elle cité à Bordeaux, parce que le *Mercure* portait l'indication d'un bureau de distribution dans cette ville ; parce qu'il s'agissait d'une action privée, et que c'était là le domicile de la demanderesse.

Quant aux anciens criminalistes, qui tous, a-t-on dit, (56 juin) s'accordent à mettre le lieu du délit de calomnie partout où le libelle diffamatoire peut être saisi, on en a cité un seul, celui qui a fourni l'arrêt de 1616 ; on eût pu en citer jusqu'à trois. Dans l'un on ne rencontre que quelques expressions générales et équivoques qui se rapportent visiblement au droit de faire condamner un libelle partout où l'on pourra avoir un exemplaire à brûler ou à lacérer ; il ne s'agit alors que du procès *du livre.* (1) Les deux autres ne font que citer l'arrêt de 1616. (2) Il ne s'agirait donc que d'examiner cet

---

(1) Muyart de Vouglans. Le ministère public a nié jusqu'à l'usage de faire le procès au livre, on renvoie donc à Jousse tom. 1, p. 76. — De 1762 à 1771 on compte 22 arrêts imprimés, rendus par le parlement de Bretagne contre des livres sans mentions d'auteurs.

. (2) Le premier est Jousse, justice criminelle, t. 1 p. 416, et t. 3, p. 638 ; à cette dernière page on lit 1516 au lieu de 1616, c'est ce qui fait que M. le procureur du Roi a reculé cet arrêt de 100 ans, et le date de l'année du concordat de François premier. Le second est Serpillon, code criminel, p. 133, édition de 1784.

arrêt, s'il pouvait avoir forcé de loi dans une législation criminelle, qui d'arbitraire qu'elle était sous tant de rapports est devenue toute positive ; qui permet bien de saisir le livre, et d'en prohiber la vente, mais non de lui faire son procès en forme, comme on le faisait autrefois; qui établit comment un écrit peut et doit être légalement publié, tandis qu'autrefois les libelles étaient presque toujours anonimes; qui, en matière de calomnie, ne voit de délinquant que dans l'auteur de l'imputation, tandis qu'autrefois ont eut poursuivi les vendeurs, les distributeurs et *semeurs*, (3) ce qui, au moins, sous un rapport pouvait faire considérer la calomnie écrite comme un délit successif; et cependant examinons l'arrêt.

Le ministère public a observé (6 juin) qu'il s'appliquait au procès de *l'injuriant* et non à celui du livre ; cela ne suffisait pas : il fallait savoir si l'injuriant n'avait pas été saisi avec son libelle ; car la *capture* assurait souvent la compétence ; il fallait surtout bien connaître qu'elle exception formait l'injuriant. Demandait-il à être renvoyé devant le juge du véritable lieu du délit, comme on le demande ici, ou seulement prétendait-il que la compétence *ratione domicilii* devait l'emporter sur celle *ratione loci* ? comment le

_____

(3) Jousse, t. 3, p. 651.

savoir, quand l'arrêt n'est rapporté que dans le
commentaire obscure d'une coutume étrangère.
qu'on trouverait difficilement en Bretagne ; lors-.
qu'il n'est garanti que par un de ces arrêtistes:
auquel on recommande le plus de ne pas se fier?'
(1) Faut-il qu'un prévenu ait à redouter jusqu'à.
la fausse interprétation d'un pareil texte ? Au
surplus, le passage de Jousse lu par M. le procureur du Roi ne se compose que de ces lignes :.
» le juge du lieu où le libelle a été trouvé,
» peut en informer , et il n'est pas tenu de ren-.
» voyer *devant le juge du domicile de l'injuriant.* »
» (Ainsi jugé par arrêt du parlement de Dijon,.
» du 30 septembre 1516, rapporté par Bouvot,
» dans son épitome. sur la coutume de Bourgo-
» gne. Édition de 1632, page 116.) » (2)
 Jousse n'ajoute rien ; il ne tire pas la conséquence que le ministère public veut tirer ici. Il
dit, au contraire, que dans les délits successifs,
il est plus *régulier* de regarder comme le lieu
du délit celui où le délit a commencé. (3) Ainsi.
donc, tout ce qu'on peut deviner de l'espèce,
c'est que l'injuriant demandait le renvoi devant
le juge *de son domicile* , par opposition au

(1) V. la note *C* à la fin du mémoire.
(2) T. 3, p. 658, et voilà pourquoi on cite Jousse de
préférence.
(3) Jousse, t. 1, p. 415, et il donne sa première
notice de l'arrêt à la p. suivante, sans aucune réflexion.

juge *du lieu du délit*. Peut-être soutenait-il que
l'injure écrite ne devait se poursuivre que *civi-
lement*, devant le juge du domicile, et il avait
tort, si elle était *atroce*. (1) Peut-être prétendait-
il que même en matière criminelle, le juge du
lieu du délit doit renvoyer, quand on le demande, devant celui du domicile ? Mais les ordonnances de Roussillon et de Moulins étaient venues
dire le contraire. Le parlement de Dijon ne
paraît donc pas avoir eu à décider la question
actuelle : que faut-il donc conclure de son arrêt,
dont le fait et les motifs sont encore inconnus,
et le seront peut-être toujours ? ....

Que si les partisans de la compétence indéfinie
n'ont encore trouvé que cet arrêt qu'ils puissent
rattacher à leur système ;

Que si les monumens de plus de six siècles de
jurisprudence, presque sans lacune, ne leur
ont jamais montré le ministère public poursuivant d'office un délit de calomnie ; le poursuivant partout où l'écrit s'était répandu, et faisant décreter l'auteur d'ajournement personnel,
à cent lieues de distance ;

---

(1) « Pour *délits* légers, le renvoi ne doit être fait (de-
» vant le juge du lieu du délit) d'autant que le juge du
« domicile est *le juge naturel*. » THEVENEAU. *Commentaire
sur les ordonnances*, p. 994. Paris, 1629.

Que s'il n'est pas un seul jurisconsulte qui bien ou mal, mais clairement au moins, ait professé la doctrine actuelle du ministère public;

On ne devait pas dire que c'était un usage incontestable, avoué et perpétué par la jurisprudence la plus constante, et *consacré par les siècles.*

Ainsi, l'assertion faite devant les chambres a pu seule donner l'idée d'un si nouveau système.

Mais est-il donc aussi certain qu'on paraît le croire, que S. E. ait voulu établir une maxime absolue de jurisprudence, en disant que la contravention se perpétuait dans le tems, et se multipliait dans l'espace?

N'est-il pas plus convenable de penser qu'elle n'a entendu parler que des effets du délit et non du délit lui-même, dans ce sens rigoureux où il faut le considérer quand il s'agit d'appliquer des lois criminelles et de faire disparaître une garantie importante?

Doit-on croire qu'elle adopte, tout ce qu'il a fallu dire pour soutenir, ce qui n'est, après tout, que l'exagération de sa pensée, et l'erreur d'un zèle qui prend trop facilement les paroles du chef du ministère public pour un texte de loi? S. Exc. n'a jamais confondu dans son discours la *publication* avec la *publicité;* la publicité d'une *pensée dommageable,* a-t-elle dit, *n'est de sa nature qu'une* CIRCONSTANCE EXTÉRIEURE *qui n'en change pas la moralité, quoiqu'elle puisse aggraver le dommage.* Elle ne confond donc pas une circonstance aggravante ou atténuante avec le délit ; la responsabilité civile dans le calcul des dommages causés, avec l'imputation du fait dans la *poursuite* de l'action.

Et pouvait-on se méprendre quand S. E. ne cherchait à décrire les effets naturels de la publication d'un écrit, que pour condamner l'abus qu'on en pourrait faire en législation ; que pour faire mieux ressortir la convenance d'un projet qui devait ôter jusqu'au plus léger doute sur l'illégalité de la poursuite du délit, ailleurs que devant le tribunal de la résidence de l'auteur ou devant celui du lieu de la publication de l'ouvrage ?

Et alors qu'est-ce que le silence des chambres, si ce n'est une reconnaissance que toute autre règle de poursuite devait être en effet proscrite ? Qu'avaient-elles besoin de combattre une assertion qui tout au plus ne faisait que supposer un système dont l'abus ne s'était montré nulle part, et allait devenir impossible ? Et alors, pourquoi aller chercher dans cette discussion solennelle une théorie vraie ou fausse, mais déjà et depuis longtems abandonnée, et qu'on ne rappelait que pour en révéler le danger, l'injustice, et en rejeter pour toujours les folles conséquences ?

63

§. 10.

CONCLUSION.

Pour adopter le système de la compétence indéfinie, il faut donc admettre :

Que le délit se continue et se renouvelle par des actes qui ne sont pas eux-mêmes des délits ;

Par des actes qui ne sont ni l'acte immédiat de la volonté du délinquant ni son fait personnel ;

Par des actes qui se répéteront semblables même après sa mort.

Il faut ensuite renoncer :

Au bénéfice de la prescription qui ne se trouve que dans l'affranchissement de toute action après l'expiration du terme légal ;

A la garantie du *juge naturel* qui n'existe que dans l'étroite circonscription de la compétence légale ;

A la sage précaution de la loi dans la limitation du nombre des magistrats qui peuvent *poursuivre* et *emprisonner* le même individu.

De sorte, que le nouveau système tend à attaquer plus ou moins directement ce que le législateur a voulu environner surtout de la plus entière sécurité, puisqu'il porte atteinte,

A la confiance des citoyens dans leurs juges ;

A la liberté individuelle ;

A la liberté de la presse ;

Et que dans la prescription, il attaque une *possession* véritable.

Mais veut-on chercher à concevoir ce système, alors il faut confondre,

Le délit avec tout ce qui n'est pas le délit.

Le corps du délit avec la preuve.

La *permanence* des traces du délit avec la *continuation* du délit.

La *responsabilité* civile du dommage avec *l'imputation* du délit.

La *recherche* du délit avec la *poursuite* du délinquant.

La *constatation* du délit avec *l'instruction* du procès.

La *plainte* avec *l'action*.

L'action avec le *jugement*.

La *compétence* avec *l'autorité de la chose jugée*.

La *publication* avec la *publicité*.

Enfin, ce que l'on reconnaît de vérité, ne sert plus qu'à établir des contradictions.

On dit qu'il n'y a qu'un délit et qu'il est *multiple* ;

Que l'imputation est un fait unique, et qu'il y a autant de faits d'imputation que de ventes ;

Que les ventes et distributions postérieures à la publication ne sont pas des délits ; et l'on fait commencer la prescription, de ces ventes, et on les fait servir à fixer le lieu du délit.

On dit que la *publication* a été faite à Paris, (1) et qu'elle a été faite à Rennes.

Quant à *l'autorité* de toute cette doctrine; on vient de voir à quoi elle se réduit.

Cependant, qu'on veuille bien revenir un instant aux motifs donnés pour l'unité de compétence; ils n'ont pas varié, ils ne varieront point. Or, quel est celui de ces motifs que l'on a combattu directement, ou quel est celui que l'on a réfuté?

On a dit (6 juin) que rien n'était plus *déplorable* pour le ministère public, que d'avoir à réfuter d'aussi frivoles moyens; qu'il était *inconcevable comment les avocats de Rennes* avaient pu se méprendre ainsi sur *les premiers élémens du droit*, et confondre perpétuellement la jurisprudence civile avec la jurisprudence criminelle. Tout ce que l'on a discuté a paru *erreurs graves, inadvertences, absurdités, écarts honteux*. Qu'importe, au surplus, a-t-on fini par dire, le juge qui prononcera la peine que provoque un délit le plus vil et le plus odieux de tous? Que les prévenus se fassent *porter en triomphe* s'ils le veulent, la sentence qui les condamnera comme de *lâches calomniateurs* n'en sera pas moins

(1) V. le jugement dans les observations, pag. 40.

inévitable, et ces vains et *indécens débats* où
l'inconséquence le dispute à la *mauvaise foi*, ne
sauront la conjurer.

Mais M. le procureur du Roi !.........

Mais, a dit M. l'avocat général (13 juin),
« il ne faut pas sortir de la discussion du point
» de droit, *nous le devons.* »

Faisons donc ce que le ministère public devait faire, et puisque le *pour* et le *contre* sont
désormais connus, contentons-nous de demander
au publiciste, au jurisconsulte, à tout esprit
quelque peu méditatif, de quel côté se trouvent et la raison et la justice ? On n'a pas même
cherché à développer les influences de la question sur cette liberté de la presse pour laquelle
s'inquiète et se dispute aujourd'hui l'Europe entière ; on s'est renfermé dans le *point de droit*,
et l'on a voulu tout examiner. C'est peut-être
un tort ; du moins qu'on ne s'étonne pas du silence gardé sur les hypothèses ou les objections
qu'on pourrait faire encore. Quand les argumens
deviennent d'une certaine nature, ils n'ont plus de
terme, et l'on ne pouvait songer à réfuter que
ceux qui sont présentés dans un acte sérieux.

Cependant, si l'on a réussi à détruire ce que
pouvait avoir de spécieux tout ce qu'on a dit
jusqu'à ce jour contre l'unité de compétence,
que pourrait-il donc rester à ceux qui doutent

encore, si ce n'est ce vague instinct de contradiction, et cette recherche pénible d'argumens dont
on ne voit ni le principe ni les conséquences?

Mais alors même, leur dirait-on, suffira-t-il
d'un doute pour consacrer une dure et nouvelle
aggravation de la loi criminelle, lorsqu'il faudrait, disaient les anciens, *la lumière même du
jour?*

Le Barreau de Rennes s'étant expliqué sur
la question, et le prévenu s'étant pourvu devant
la Cour de Cassation, l'unique but que l'on se
proposait dans ce mémoire est rempli, si les
jurisconsultes de la Capitale, aux-quels on le sou-
met; y trouvent les élémens nécessaires pour
discuter et résoudre à leur tour, en pleine connaissance de cause, les difficultés de la matière.

On prie donc le nouveau Conseil de vouloir
bien donner son avis, et d'indiquer les moyens
de Cassation que le prévenu peut développer
avec espoir de succès.

Rennes, 16 *juin* 1818.

VATAR, *avocat.*

DUNOYER, *partie.*

NOTES.

NOTE A.

Le ministère public a découvert trois *graves erreurs* dans la consultation ;

- 1.º On a parlé du juge *de la résidence*, avant d'avoir parlé de celui du lieu du délit ; ce qui est manquer à la *prééminence*, à la *suprématie* dues à ce dernier (13 juin) ; ce qui est une affectation très-singulière (6 juin) ;

2.º On s'est servi du mot *domicile*, et c'est le mot *résidence* qu'on trouve dans la loi ;

3.º On a dit que le juge *naturel* était le juge du domicil), et en matière criminelle, c'est celui du lieu du délit.

Il n'est pas sans doute fort utile de répondre à cette critique, qui laisse le raisonnement absolument le même ; on entrera pourtant dans quelques détails.

On passe condamnation sur la première erreur, et le ministère public peut, s'il le veut, lire dans la consultation (in-8.º, pag. 48 , lig. 23), 1.º au lieu de 3.º Si l'on a commencé par le juge du domicile, c'est qu'on n'avait plus rien à en dire, et qu'au contraire on avait beaucoup à parler du juge du lieu du délit.

La seconde a fait dire (6 juin) que les avocats de Rennes avaient oublié les premiers élémens du droit. Elle vient de ce que les ordonnances et toute l'ancienne jurisprudence ne parlaient, dans la question actuelle, que du *domicile*, et non de la résidence (voyez pag. 59 , 70 et 74). Pourquoi, au surplus, le

Code de 1808 a-t-il, le premier, parlé ici de la résidence, si ce n'est manifestement pour écarter, autant que possible, toute espèce d'arbitraire en matière de compétence ?

. La résidence du prévenu, au moment où l'on veut commencer l'action, est de tous les faits qu'on pouvait choisir, le plus simple, le plus facile à établir, lorsque surtout la disposition suivante lui assimile la *possibilité* de la capture ; le domicile, au contraire, est autant de droit que de fait ; on peut facilement se tromper et le voir en même temps dans plusieurs lieux; le doute alors pouvait donner occasion à la multiplicité de poursuites simultanées, et faire naître ces débats de prévention, où l'intérêt du prévenu, celui qui est attaché à la garantie du juge naturel, semblent sacrifiés à une vaine rivalité de zèle entre les gardiens même de la loi et de l'intérêt commun (voyez ci-dessus pag. 31, 60, 74). La *résidence* est donc plus favorable à l'unité de la compétence ; *l'inconséquence* du rédacteur n'est donc que l'oubli d'un développement utile au système des consultans.

La troisième erreur est celle qui a le plus choqué le ministère public; il y a vu la source de cette perpétuelle confusion des matières civiles et criminelles qu'il a reprochée si souvent, parce que dans celles-ci, a-t-il dit, le juge naturel est toujours celui du lieu du délit. On pourrait répondre que la consultation ne dit pas le contraire, puisque c'est en posant la règle de la manière la plus générale, qu'on a dit que le juge naturel *de celui* qu'on cite en justice était le juge de son domicile; ce qui est vrai et le sera toujours. En effet, on a toujours vu le juge naturel *d'un citoyen* dans celui sous la jurisdiction duquel il a fixé son domicile ; dans celui qui, mieux que tout autre, peut apprécier la recommandation naturelle d'une bonne conduite ; les garanties naturelles que donnent l'estime publique et d'honorables amis. Mais si l'on voulait appeler le juge *du lieu du délit*, un juge naturel, il fallait au moins dire que c'était le juge naturel *du délit*, et non pas le juge naturel du délinquant. Quand on dit *actor sequitur* FORUM REI, on entend parler du juge du domicile ; autrement l'on dit FORUM DELICTI.

Le ministère public prétend qu'on a fait une exception de ce qui était la règle. Peu importerait ; mais au surplus ce n'eût été qu'exact ; c'est par *exception* que les lois criminelles permettent de traduire le délinquant devant le juge du lieu du délit ; il n'y aurait que ce juge de compétent, que ce serait encore une exception par rapport à la règle générale : D'Argentré le dit expressément : « on ne peut poursuivre » dans le lieu du délit, que le délit qui y a été commis, parce » que la jurisdiction est ici *accidentelle* et ne doit pas s'étendre » *duntaxat de eo crimine, quod eodem loco admissum sit, non altero ; quippè est ista* ACCIDENTALIS *jurisdictio ad limitatam tantùm, nec ultrà protenditur* ; (art. 12, A. C. n. e.) et il observe ensuite n. g. : « que lorsque plusieurs juges se » trouvent compétens pour juger le même délit, ils peuvent » se prévenir en citant, quoique la citation n'eût pas suffi « pour ôter la connaissance au *juge naturel du domicile*, » si l'ordonnance de Moulins ne l'avait dit expressément. »

« *Volunt, si pluribus judicibus cognitio ex æquo tribuitur* » *de crimine, per citationem præveniri jurisdictionem, quan-* » *quam hâc specie vix est, ut tanti sit citatio quæ judici* » NATURALI et DOMICILIARIO *cognitionem adimat et* ACCIDENTALI » *fäveat, nisi molinensis articulus obstaret.* » V. aussi *supra*, p. 60 n. 1.

Ces trois graves erreurs étaient donc tout ce qu'il pouvait y avoir de plus indifférent. Les relever avec autant d'importance, c'était commettre une plus grande méprise et prendre sur soi, comme il est arrivé en plus d'une occasion, tout ce qu'elles pouvaient avoir de fâcheux pour celui qui aurait pu d'abord les commettre.

NOTE B.

Voici comment s'exprime M. le président de Lamoignon, au lieu déjà cité. Il observe « qu'en certains cas on avait peine
» à déterminer le véritable lieu où le crime s'était commis
» (il ne dit pas que dans certains cas il y a plusieurs lieux
» du délit) ; que dans le rapt il y avait *une succession conti-*
» *nuelle de crimes ;* que le ravisseur ayant commencé son
» enlèvement dans une petite jurisdiction, comme celle de
» Gonesse, par exemple, et continuant son crime dans toutes
» les jurisdictions où *il passait.;* (il faut donc qu'il y soit de'
» sa personne) s'il venait à être pris à Lyon, il ne sem-
» blait pas juste de renvoyer la connaissance au juge de
» Gonesse ; qu'il doit être laissé à *la prudence des parlemens*
» de renvoyer le procès à celui qui se trouverait le plus
» en état de faire justice aux parties. » (Il ne s'agissait donc
que d'établir un système d'évocation.) Au surplus, M. le P. président s'explique encore plus clairement, lorsqu'il demande
qui fera l'application ? « car, quoique ce crime successif et
» continu, dans l'espèce qui a été ci-dessus posée, ait eu
» *des suites,* il a néanmoins eu *son principe certain, qui est*
» *le lieu où la première action a été commise ;* ainsi, l'ar-
» ticle étant positif comme il l'est, (et il n'est pas plus
» positif que l'art. 69 du Code actuel) les juges *seront*
» *astreints* à renvoyer le procès à Gonesse ; la liberté d'ex-
» pliquer (d'interpréter) ne leur étant pas donnée. » Sur
» quoi M. le président de Noyon fit remarquer « que l'on
» ne pourrait pas renvoyer la connaissance d'un crime à
» d'autres juges qu'à celui du *premier délit ;* mais que pour

» prévenir toute difficulté, on pourrait ajouter à l'article
» cette alternative, où *au lieu dans lequel la capture aura*
» *été faite* ». (Ce qui a été adopté en 1808).

M. l'avocat général Talon dit : « qu'il *était important*
» *d'avoir un juge certain* pour la connaissance des crimes ;
» que l'on a établi celui du lieu du délit, et que conséquem-
» ment le juge dans le détroit duquel le rapt *a été com-*
» *mis*, est celui qui est compétent, et qu'il serait dange-
» reux d'ajouter l'alternative *du lieu du délit ou de la capture.* »

. On trouve la même doctrine sur la compétence du juge
du lieu où commence le délit successif et continu, dans
Jousse, com. ord. de 1670, p. 9, édit. de 1763, et t. 1,
jurisp. crim., p. 415 ; dans Serpillon, t. 13, p. 13, édit.
de 1784, qui sont les seuls auteurs où l'on ait rencontré
la citation de l'arrêt de Dijon ; dans Muyart de Vouglans,
lois crimin., qui observe que seulement on en est venu à
regarder aussi comme le lieu des délits successifs, celui de
la capture ; et enfin dans Pothier. « On demande, dit-il,
» quel est, dans les délits continus, le lieu du délit, dans
» le rapt, par exemple. Il paraît que M. Pussort pensait
» que tous les lieux par où passait le ravisseur étaient
» également le lieu du délit ; mais *il est plus véritable* que
» c'est celui *d'où* la personne a été enlevée. Dans ces sortes
» de crimes, le lieu du délit est celui où s'est commis *ce*
» *qu'il y a de principal* dans le délit, et non pas *ce qui*
» *n'en est que la continuation et la suite. Procédure crimi-*
» *nelle,* sect. 1, art. 2, §. 1. »

C'est aussi ce qui a été décidé récemment. Un viol *commencé*
dans le département d'Ille et Vilaine, et consommé dans celui
de la Mayenne, fut renvoyé par la cour de cassation, au
lieu où il avait été commencé., et le coupable fut condamné
par la cour de Rennes, le +15 fructidor an 18. *Procédure sous*
le n.° 1517.

'Au surplus, il peut s'élever de véritables difficultés sur
le lieu du délit ; c'est particulièrement lorsqu'il est commis
sur les *confins* de deux territoires, et que l'action semble se
diviser entr'eux : tous les criminalistes citent pour exemple
un homme atteint sur un territoire, par un assassin placé
dans un autre ; la plupart s'accordent à donner la connaissance au juge qui se saisira le premier. (D'Argentré, art. 12,
A. C., Nouv. Denisart : *Compétence*, §. 3, et partout.) C'est
couper le nœud plutôt que de le dénouer ; mais on voit du
moins qu'il ne s'agit pas d'un nombre indéfini de territoires qui
n'ont aucun rapport ensemble. La véritable règle est de choisir
l'un d'eux et c'est ce que fait Pothier : (*ibid*) il est vrai
qu'il regarde le lieu où se trouvait la victime, comme le
véritable lieu du délit, ce qui n'est pas exact : aussi il
remarque lui-même que tous ne sont pas de son avis, et qu'on
peut lui objecter : « que le délit consiste plutôt dans l'*action*
» que dans l'*effet* qu'elle a eu, puisque quand même l'action
» n'aurait pas eu son effet, il suffirait que le coup de fusil,
» par exemple, eût été tiré dans le dessein de tuer l'homme
» pour que ce fût un délit punissable par les lois. »

On sent au reste toute la différence qui existe entre ce
cas et celui dont il s'agit ici, il serait bien facile d'en trouver
un grand nombre plus rapprochés de l'espèce, et il serait
bien permis d'offrir quelques hypothèses après le ministère
public qui en a tant fait. Si d'un fourneau s'exhale une
fumée insalubre, et que la maison du voisin qui s'en plaint
soit dans un territoire différent, où sera le lieu de la contravention ou du délit, car c'en est un quelquefois ? Sera-ce
celui du fourneau, ou tous ceux que la fumée atteint ?

On citera ici quelques arrêts de la cour de cassation, dont
l'application sera facile à faire.

« La prévention de faux ne peut s'établir, que par *ce*
» *qu'il y a eu de personnel à l'accusé* dans la forma-
» tion de la pièce, et dans l'emploi qui en a été fait; »
considérant d'un arrêt de cassation, du 18 prairial an 13,
Rép. *faux*, sect. 1, §. 29, où l'on voit que l'emploi fait
sciemment d'une pièce fausse, mais pour ne s'en servir que
dans ce qui est vrai, n'est pas punissable.

Dans cette même espèce, il s'agissait d'une expédition prétendue fausse, dont la minute était à Besançon; on en con-
cluait que l'expédition avait été faite là, et la cour du
Doubs s'était déclarée compétente, quoique l'accusée,
eût fait usage de la pièce dans le *Jura*. « C'eût été
» *raisonner fort juste si l'expédition eut été représentée*, dit
» M. Merlin; » et la cour, « considéra que le lieu où
» l'accusée avait fait usage de la pièce, *étant connu et*
» *constant*, ainsi que le lieu de son *domicile*, on n'aurait
» pu investir le tribunal du lieu où l'on prétend que la
» pièce fausse a été fabriquée, qu'autant que ce lieu *eût*
» *pareillement été connu; que ce n'est pas sur de simples*
» *présomptions* que l'on peut baser une procédure crimi-
» nelle, et fonder la compétence d'un tribunal à l'exclusion
» de ceux qui sont indiqués par la loi, par la nature du
» délit, et les circonstances connues, etc. » 28 fructidor an
12, *ibid.*, sect. 2, §. 5.

Le juge du crime *d'usage* n'est pas tenu de renvoyer devant celui de la *fabrication*, mais parce que « l'usage de la pièce
» fausse, avec *connaissance de la fausseté de cette pièce*, est
» un délit *caractérisé* par le Code pénal; et attendu que la
» connaissance de ces délits, et par suite des délits *con-*
» *nexes*, appartient aux tribunaux dans le ressort desquels
» le délit a été commis ou consommé. » 14 germinal an 13,
Rép., *ibid.*, sect. 2, §. 2, n.° 2.

Dans une autre espèce, il s'agissait d'une lettre de change, dont un faux endossement, daté *de Paris*, était imputé à un domicilié de Dijon. L'action portée devant la Cour de Paris, celle-ci renvoya devant celle de Dijon : la Cour de cassation cassa, « attendu que la procédure *n'apprend pas* » en quel lieu a été faite la falsification.....; qu'*il est cons-* » *tant* que les endossemens sont datés de Paris, où il n'est » pas contesté que l'accusé a fait le *premier usage* de la » lettre arguée de faux. » 11 ventôse an 12, Rép., *ibid.*, n.° 1.

NOTE. C.

Sur Bouvot né en 1558 et mort en 1636. Camus dis-cours préliminaire du code matrimonial, n.° 12, « on a voulu » donner toutes les décisions sur le mariage, mais toutes » les décisions de la sincérité desquelles on est moralement » certain. Quel fond pouvait-on faire, par exemple, sur » Bouvot, arrêtiste du parlement de Dijon ?

· Bouhier, hist. des commentateurs au devant de son com-mentaire, p. 20, « le jugement qu'on porte communé-» ment des ouvrages de Bouvot, est que les arrêts ont » été recueillis avec plus de travail que de choix et de » discernement. Comme il n'en savait ordinairement l'es-» pèce que sur le rapport d'autrui, il est impossible qu'il » ne soit souvent *équivoque*. Il donne en divers endroits » des sentences du baillage de Châlons, ou ses propres » sentimens au lieu d'arrêts. »

M. le président Bouhier ajoute, en parlant du commen-taire où se trouve l'arrêt prétendu du 30 septembre 1616.

« Ce n'est qu'une compilation assez mal digérée et on » ne saurait d'ailleurs faire grand fond sur les arrêts qu'il » y cite ».

Considérans de l'arrêt du 13 juin 1818.

Attendu que suivant l'article 367, etc.

Que conséquemment le lieu du délit en matière de calomnie est ainsi que l'a reconnu le prévenu *dans ses conclusions* imprimées, celui où a été faite l'action de vendre où de distribuer l'écrit imprimé qui la contient;

Qu'il est certain, en fait, et prouvé par les dépositions des témoins entendus devant les premiers juges, que le numéro six du Censeur Européen, dans lequel M. Béchu prétend avoir été calomnié, a été vendu et distribué à Rennes chez deux libraires différens, qui avaient reçu des souscriptions à cet effet. L'ouvrage dont il s'agit étant imprimé à Paris au bureau du Censeur Européen, ainsi que l'annonce le frontispice, chacun des libraires qui le vendent et distribuent dans les départemens, ne peut s'en procurer des exemplaires qu'à ce bureau dirigé par l'auteur, et le tient conséquemment de lui, au moins *indirectement*, d'où résulte que la vente et distribution, loin de lui être étrangère, comme il le prétend, est son propre fait.

Qu'on ne peut douter d'ailleurs que l'auteur d'un ouvrage de cette nature *a le vœu bien exprès* de prendre tous les moyens de s'en procurer une vente abondante.

Considérant que les inconvéniens allégués de la prétendue imprescriptibilité du délit de calomnie, et de la traduction simultanée du prévenu en plusieurs tribunaux, pour cause de ce délit, *outre qu'ils ne s'offrent point dans l'espèce* actuelle, ne sont pas réels, vu que d'un côté la prescription s'accomplirait pour chaque délit, à compter du jour où il aurait été comsommé dans un lieu quelconque, et que, de l'autre, si le même individu portait la plainte en plusieurs tribunaux, à raison du même fait, il y aurait nécessairement lieu à renvoi devant le premier saisi, et que si c'était sur l'action de plusieurs plaignans et pour des imputations différentes, il y aurait autant de délits que d'individus calomniés.

LA COUR *ordonne que ledit jugement sortira son plein et entier effet et condamne l'appelant aux dépens de la cause d'appel.*

A RENNES, CHEZ CHAUSSEBLANCHE, IMPRIMEUR, RUE DE BORDEAUX, DERRIÈRE LE PALAIS.

www.ingramcontent.com/pod-product-compliance
Lightning Source LLC
Chambersburg PA
CBHW071705200326
41519CB00012BA/2627